Die Reformen in Polen und die revolutionären Erneuerungen in der DDR

Jahrbuch 1990

SCHRIFTENREIHE
DER GESELLSCHAFT FÜR DEUTSCHLANDFORSCHUNG
BAND 31

Jahrbuch 1990

Die Reformen in Polen und die revolutionären Erneuerungen in der DDR

Herausgegeben von

Siegfried Mampel · Alexander Uschakow

Duncker & Humblot · Berlin

CIP-Titelaufnahme der Deutschen Bibliothek

Die **Reformen in Polen und die revolutionären Erneuerungen in der DDR** / hrsg. von Siegfried Mampel; Alexander Uschakow.
– Berlin: Duncker und Humblot, 1991.
(Schriftenreihe der Gesellschaft für Deutschlandforschung; Bd. 31: Jahrbuch; 1990)
ISBN 3-428-07071-2
NE: Mampel, Siegfried [Hrsg.]; Gesellschaft für Deutschlandforschung: Schriftenreihe der Gesellschaft für Deutschlandforschung / Jahrbuch

Satz: Volker Spiess, Berlin 30
Druck: Berliner Buchdruckerei Union GmbH, Berlin 61
Printed in Germany

ISSN 0935-5774
ISBN 3-428-07071-2

INHALT

VORWORT

Als der Vorstand der Gesellschaft für Deutschlandforschung im Frühsommer 1989 beschloß, die zwölfte Jahrestagung einem Vergleich der Entwicklung in einem – von Deutschland aus gesehenen – östlichen Land zu widmen, war über die Bemühungen um wissenschaftliche Erkenntnisse hinaus das Streben maßgebend, einen Beitrag zur Verständigung mit einem der östlichen Nachbarn zu leisten. Diese Absicht wurde durch den Demokratisierungsprozeß in Osteuropa erleichtert. Wenn die Wahl des Vorstandes dabei auf einen Vergleich mit Polen fiel, so deshalb, weil gerade die Verständigung mit diesem Lande ein wichtiges Anliegen ist. Ziel muß es sein, die lange Spannung in unseren Beziehungen zu Polen zu beenden. Vorbild hat dabei das Verhältnis zu Frankreich zu sein. Grenzen sollen nicht mehr trennen, sondern verbinden.

Im Frühsommer 1989, als das Thema der wissenschaftlichen Arbeitstagung 1990 zu formulieren war, spürte man zwar schon Bewegung in der DDR. Nach den Kommunalwahlen im Mai 1989 waren erstmalig in der DDR Proteste gegen die seit jeher üblichen Wahlfälschungen laut geworden. Aber die Revolution vom Herbst 1989 war nicht voraussehbar. Damals hätte ein Vergleich zwischen Polen und dem anderen Teil Deutschlands, bezogen auf ihn, nur im Zeichen eines Sozialismus in den Farben der DDR gezogen werden können, also mit den Verhältnissen des so kläglich gescheiterten sogenannten realen Sozialismus dort. Das wäre auf einen Vergleich zwischen einem Lande, das sich auf dem Wege zur Demokratie und zur Marktwirtschaft befand, und einem zurückgebliebenen, orthodoxen Lande hinausgelaufen. Entsprechend war auch zunächst das Thema der Tagung festgelegt worden.

Die Entwicklung überrollte die ursprüngliche Formulierung des Themas. Die DDR erlebte im Herbst 1989 ihre friedliche Revolution. Zu unserer Freude mußte das Thema der Tagung anders gefaßt werden. Aber es blieb bei dem Vergleich von Polen und der DDR. Dieser wurde sogar noch wichtiger und interessanter. Jetzt handelte es sich um einen Vergleich zwischen zwei Entwicklungen, die sich zwar zu anderen Zeiten, unter unterschiedlichen Voraussetzungen und mit verschiedenen Geschwindigkeiten vollzogen, auch im einzelnen unterschiedliche Ergebnisse aufweisen, im grundsätzlichen aber parallel verlaufen. Es ging und geht in beiden Ländern um das Streben nach Freiheit, nach Menschenrechten und Gerechtigkeit, nach Demokratie.

Der vorliegende Band enthält die Referate der zwölften wissenschaftlichen Arbeitstagung am 8. und 9. März 1990, erweitert um einen bemerkenswerten

Diskussionsbeitrag. Entsprechend den Arbeitssitzungen werden sie in vier Abschnitten vorgelegt: Gesellschaft, Wirtschaft, Recht und Rechtsschutz, Kultur. Es mußte demnach eine Auswahl getroffen werden. Andere Gebiete von Interesse, wie etwa das Bildungswesen, die Landwirtschaft, das Verhältnis von Staat und Kirche, konnten nicht berücksichtigt werden, um die Tagung und damit auch den vorliegenden Band nicht zu überfrachten.

Jerzy Holzer (Universität Warschau), eng verbunden mit der Solidaritätsbewegung und auch in Deutschland durch dort erschienene einschlägige Arbeiten bekannt, stellt seinen Beitrag „Der Pluralismus in Polen" unter den historischen Aspekt. Er zeigt, daß der Pluralismus in Polen eine Tradition schon in der Adelsdemokratie, im Adelsparlamentarismus hatte und sich in dieser Hinsicht sehr von den Ländern des Absolutismus unterschied. Während der Teilungen Polens hätten gesellschaftlicher und politischer Pluralismus sowie die nationale Integrität gegen die Fremdherrschaft gestanden. Die kurze Episode eines pluralistischen Staates von 1918–1926 sei durch eine Zeit abgelöst worden, in der der gesellschaftliche und politische Pluralismus im Gegensatz zu einem autoritären Staat gestanden hat (1926–1939). Während des zweiten Weltkrieges sei der Kampf zwischen der Besatzungsmacht und der polnischen Gesellschaft auf Leben und Tod geführt worden. Holzer zeigt sodann, wie der Polen von außen aufgezwungene Kommunismus mit einer Gesellschaft, die nach Pluralismus strebte, im Widerstreit stand und schließlich die anfänglich vom kommunistischen Staat gegenüber der Gesellschaft angewendete Salamitaktik mit einer Gleichschaltung und Umwandlung in eine totalitäre Gesellschaft endete. Während dieser Zeit habe die Katholische Kirche eine Ersatzfunktion für die pluralistische Gesellschaft mehr oder auch weniger erfüllt. Holzer geht auf den Widerstand gegen die totalitäre Herrschaft in den Jahren 1956, 1968, 1970 und 1976 ein. Der Wandel sei dann 1980 gekommen, als zwischen der kommunistischen Partei und der Solidaritäts-Bewegung ein Bipolarismus entstanden sei, der auch während der Kriegsrechtszeit ab 1981 nicht unterdrückt werden konnte, bis nach dem Abkommen am „Runden Tisch" 1989 das politische Spektrum wieder pluralistisch wurde. Mit einem vorsichtig optimistischen Ausblick schließt Holzer seinen Beitrag ab.

Karl Wilhelm Fricke, leitender Redakteur beim Deutschlandfunk und hervorgetreten durch die grundlegenden Schriften über die politische Terrorjustiz der DDR und über deren Staatssicherheitsdienst, stellt in seinem Beitrag „Die Demokratisierung in der DDR" fest, daß diese in dem Sinn ein „historisches Ereignis" ist, als sie politisch bereits irreversibel ist. Er ruft in die Erinnerung zurück, daß vor 40 Jahren der Staatssicherheitsdienst gegründet worden war und seitdem die Verfassungswirklichkeit bis zu seiner Liquidierung Anfang 1990 nachhaltig bestimmt hatte. Als Wesenszug der Demokratisierung in der DDR bezeichnet er, daß sie das Ergebnis einer „Revolution von unten", also einer echten Revolution ist. Entscheidendes Merkmal der „deutschen Novemberrevolution 1989" sei die gewaltfreie Entmachtung des totalitären Regimes gewesen. Ursprünglich habe die Demokratiebewegung eine Erneuerung der DDR unter Beibehaltung eines sozialistischen Systems beabsichtigt. In ihrem reiferen Stadium habe sie aber auf dessen Überwindung gezielt. Die Losung habe nunmehr „Deutschland einig Vaterland" geheißen. Die Demokratiebewegung in der DDR habe sich spontan entwickelt. Voran seien ihr die Protest- und Bürgerrechtsbewegungen der achtziger Jahre gegangen. Die Abwanderung von Zehntausenden in den freien Teil Deutschlands, die „Abstimmung mit den Füßen" und die Massendemonstrationen in den Großstädten der DDR hätten dann die senile Führungsmannschaft der SED unausweichlich destabilisiert. Ohne das „Neue Denken" Gorbatschows jedoch mit der Wirkung, daß die Sowjetunion ihre schützende Hand von dem durch sie geschaffenen Gebilde DDR gezogen habe, wäre die Entwicklung nicht möglich gewesen. Als Ergebnis der Demokratisierung sei eine Parteienlandschaft festzustellen, die mit einigen Abweichungen der in der Bundesrepublik Deutschland gleicht. Das politische System der DDR würde sich schon vor der Vereinigung Deutschlands dem der Bundesrepublik angleichen.

Jerzy Kleer (Universität Warschau) leitete seine Ausführungen über die „Wirtschaftsreform in Polen" mit einer grundsätzlichen Betrachtung über die Probleme des Übergangs von einer zentralen Verwaltungswirtschaft zu einer Marktwirtschaft ein. Diese sind auch für die Entwicklung in der DDR wichtig, weil bis jetzt noch kein Land diesen Weg mit Erfolg beschritten hat. Sodann schildert und beurteilt er den Reformprozeß in der polnischen Wirtschaft von 1981–1989. *Kleer* unterscheidet zwei Modelle für den Übergang von einer zentralen Verwaltungswirtschaft zu einer Marktwirtschaft:

1. die liberale Öffnung des Marktes unter den Bedingungen der Vorherrschaft des Staatseigentums, einer Mangelwirtschaft, des Fehlens einer Infrastruktur für den Markt, der Herrschaft von Monopolen und einer geschlossenen Wirtschaft;
2. die Überwindung der marktbehindernden Barrieren mit Hilfe des Staates (Abschaffung oder zumindest Einschränkung der Hauptmerkmale der realsozialistischen Wirtschaft: Staatseigentum an den Produktionsmitteln, zentralisierte Kommandowirtschaft, Monopole).

Polen habe das erste Modell gewählt, mit allen damit verbundenen Gefahren und Nachteilen. Abschließend trägt der Verfasser seine Gedanken über Problemlösungen vor und macht vor allem Vorschläge für die Ausbildung einer Marktinfrastruktur, die Umgestaltung des Staatseigentums und der Entmonopolisierung der Wirtschaft sowie die Öffnung des Marktes zur Weltwirtschaft.

Nach *Gernot Gutmann* (Universität Köln) läßt sich die mit seinem Thema „Ende der Planwirtschaft in der DDR" gestellte Frage nur beantworten, wenn zuvor klargestellt wird, welchen Bedeutungsgehalt dem Begriff „Planwirtschaft" gegeben wird. Er versteht darunter ein Wirtschaftssystem, in dem die betrieblichen und die zwischenbetrieblichen Prozesse grundsätzlich durch ein hierarchisch strukturiertes Gefüge von staatlichen Planungsorganen imperativ geplant und bei dem die Einzelpläne mittels Bilanzierung koordiniert werden. Ein solches werde es in der DDR künftig nicht mehr geben. Da das politische System dort von der bisherigen Diktatur einer Parteiführung (ihrer Suprematie) auf das einer demokratischen Verfassungsordnung umgestellt werde, sei Planwirtschaft längerfristig nicht mit der neuen politischen Ordnung vereinbar. Die Interdependanz der gesellschaftlichen Teilordnungen verbiete das. Außerdem hätten die einer Planwirtschaft inhärenten informationellen und motivationalen „Konstruktionsfehler" Ressourcenverschwendung, Risikoaversion, technologischen Rückstand und generell Leistungsschwächen zur Folge. Das könne und wolle man sich in der DDR nicht mehr leisten. Nicht zu verwechseln mit der Planwirtschaft im angegebenen Verständnis sei Planung auf verwaltungsrechtlichem Gebiete (Bebauungspläne, Pläne über Siedlungsvorhaben, Verkehrsplanung usw.). Derartige Planungen gebe es auch in Marktwirtschaften und würde auch in der DDR künftig vorhanden sein. Das gelte unter Umständen auch für staatsrechtliche Pläne mit indikativen und influenzierenden Charakter, die auch manchen Marktwirtschaften als Instrumente der Wirtschaftspolitik dienten (z. B. Planification in Frankreich). *Gutmann* hält derartige Planungen – eine zeitweilige Zweistaatlichkeit in Deutschland vorausgesetzt – auch für die DDR für möglich. Vielleicht würde hierdurch sogar die Akzeptanz einer marktwirtschaftlichen Ordnung erhöht werden können.

Die Bürgerrechtsbeauftragte der Republik Polen *Ewa Łętowska* geht in ihrem Beitrag „Die Entwicklung zum Rechtsstaat in Polen" von der Wende im Jahre 1956, dem „politischen Oktober" aus. Mit ihr seien Rechtsmäßigkeit, Einhaltung der Bürgerrechte und die Erweiterung der staatsbürgerlichen Freiheiten zu grundlegenden Forderungen geworden. Institutionell habe sich jedoch damals nichts wesentliches geändert. Indessen sei es in den letzten wenigen Jahren zu einer Reihe von Reformen gekommen, die fundamental für den Schutz der Bürgerrechte seien: Verwaltungs- und Verfassungsgerichtsbarkeit, Staatstribunal, Wirtschaftsgerichtsbarkeit und seit November 1987 der Bürgerrechtsbeauftragte/Ombudsman. Mit der Verfassungsänderung vom 29. Dezember 1989 wurde die Republik Polen zu einem demokratischen Rechtsstaat erklärt, der die Prinzipien der sozialen Gerechtigkeit verwirklicht. Die Autorin weist aber mit Nachdruck darauf hin, daß die Herrschaft des Rechts nicht allein durch die Änderungen von Bestimmungen und die Einführung von Institutionen entsteht. Der Rechtsstaat gründet sich vor allem auf einen bestimmten Stand des Bewußtseins in der Gesellschaft. Dazu soll vor allem die Tätigkeit des Bürgerrechtsbeauftragten beitragen. Die Verfasserin schildert die Stellung und die Funktionen dieses Amtes und berichtet über ihre eigene Tätigkeit darin.

Professor für Staatsrecht an der Universität Breslau/Wrocław und Mitglied des Verfassungsgerichtshofes der Republik Polen *Kazimierz Dzialocha* stellt in einem ausführlichen und interessanten Diskussionsbeitrag die Stellung und die Funktionen dieses Verfassungsorgans dar. Wenn es auch eine eigenständige, originelle Lösung darstelle, so sollten doch nach seiner Meinung die Unterschiede zu den Verfassungsgerichten anderer Länder nicht überschätzt werden.

Horst-Dieter Kittke (Gesamtdeutsches Institut, Berlin) kann in seinem Beitrag „Abbau der Defizite beim Schutz des Bürgers vor der Staatsgewalt in der DDR“ nur einen Zwischenbericht geben. Er meint, erfreulich und eindeutig sei die Entwicklung auf dem Gebiet des politischen Strafrechts und des Strafverfahrens. Die schlimmen Bestimmungen des politischen Strafrechts würden jetzt nicht mehr angewendet. Aber noch fehlen die entsprechenden gesetzgeberischen Konsequenzen. Auch im Strafverfahrensrecht zeichnen sich lediglich Änderungen ab, die auf konzeptionelle Überlegungen zurückgingen, die schon vor der Wende in der DDR-Rechtswissenschaft diskutiert worden seien. Nicht beseitigte Defizite sind nach *Kittke* bei der Stellung des Richters, insbesondere hinsichtlich seiner Unabhängigkeit, zu verzeichnen. Das Eingabenrecht beurteilt der Verfasser skeptisch. Die Arbeiten an einem Verwaltungsverfahrensrecht sind nicht abgeschlossen worden. Eine einigermaßen befriedigende Verwaltungsgerichtsbarkeit fehlt ebenso wie eine Verfassungsgerichtsbarkeit. An einen Bürgerrechtsbeauftragten wird nicht einmal gedacht.

Andrzej Sakson (Instytut Zachodni, Posen) führt in seinem Beitrag „Kulturelle Freiheit in Polen“ aus, daß in den letzten Jahren sich dort infolge gesellschaftlicher und moralischer Erschütterungen ein neues demokratisches Normensystem entwickelte, das sich sowohl auf christliche Werte, eine antitotalitäre Einstellung, auf die Verteidigung der Menschenrechte als auch auf die fundamentalen Werte der europäischen Kultur und auf das Streben nach voller Freiheit stützte. Nach 1945 sei das historische Wertsystem des polnischen Volkes mit dem totalitären kommunistischen System konfrontiert worden. Die Kulturpolitik sei zu einem Werkzeug der Propaganda geworden und hätte die Errichtung einer mystifizierten Wirklichkeit sowie die Unterordnung des Individuums unter die regierenden Zentren erstrebt. *Sakson* unterscheidet bei der polnischen Intelligenz drei grundlegende Einstellungen dem kommunistischen System gegenüber, die er mit den Begriffen „unbeugsam“, „oppositionell“ und „defätistisch“ bezeichnet. Vom Jahre 1956 an hätte die polnische Kultur ihre Autonomie auf dem Gebiet der Ausdrucksmittel wieder gewonnen. Weitere politische Erschütterungen (der Jahre 1968, 1970, 1976 und 1980) hätten verursacht, daß die Rahmen der Freiheit bei der Pflege der Kultur stufenweise erweitert worden seien. In den achtziger Jahren sei definitiv das Monopol des kommunistischen Staates auf dem Gebiet der Kultur gebrochen worden. Neue unabhängige Mäzenate seien entstanden: das gesellschaftliche und das kirchliche. Es habe sich eine breite Strömung einer ungewöhnlich unterschiedlichen, unabhängigen Kultur entwickelt, der sogenannte „zweite Umlauf“. Die Wende, die sich in Polen nach den Parlamentswahlen im Juni 1989 vollzogen hatte, habe eine neue Etappe in der Entwicklung der Kultur eröffnet. Die Zensur sei völlig liquidiert worden. Die unnatürliche Teilung in eine „offizielle" und in eine „inoffizielle" Kultur habe es nicht mehr gegeben. Es seien viele neue Verlage, Zeitschriften, Filmgesellschaften, Rundfunk- und Fernsehstationen entstanden. Die Reformen in Polen hätten dazu geführt, daß die polnische Kultur heute das Niveau habe, das charakteristisch für eine demokratische, pluralistische Gesellschaft sei.

Theo Mechtenberg (Gesamteuropäisches Studienwerk, Vlotho) verdeutlicht durch eine beispielhafte Szene auf dem 11. Plenum des ZK der SED vom Dezember 1965 den jede kulturelle Autonomie ausschließenden Monopolanspruch dieser Partei. Die die gesellschaftliche Entwicklung bestimmende Partei sei zugleich der die Kultur dominierende Faktor gewesen. Die gegen diese ideologische Konzeption gerichteten Autonomiebestrebungen zeigt der Verfasser in drei Richtungen:

1. an dem krisenhaften Konflikt zwischen Doktrin und Dichtung, wie er beispielhaft an Leben und Werk von Franz Fühmann ablesbar ist;
2. an dem gegen den ursprünglich eng gefaßten Erbekanon gerichteten kulturellen Rezeptionsprozeß, zumal den der lange Zeit geächteten Romantik, wie er sich mit Beginn der 70er Jahre abzeichnete,
3. an der sich vom Ansatz her autonom verstehenden Subkultur der achtziger Jahre (Stefan Döring, Bert Papenfuß-Gorek, Rainer Schedlinski u.a.). Den Abschluß macht der Autor mit der Frage nach den Konsequenzen der durch den Zusammenbruch des SED-Regimes gewonnenen kulturellen Freiheit.

Jeder Verfasser trägt selbstverständlich die Verantwortung für seinen Beitrag. Allen denen, die zum Gelingen des Bandes beigetragen haben, sei herzlich Dank gesagt.

Im Mai 1990 Siegfried Mampel Alexander Uschakow

I. Gesellschaft

Jerzy Holzer

DER PLURALISMUS IN POLEN

Für die Entwicklung des politischen Pluralismus in den einzelnen Ländern ist die historische Tradition nicht ohne Bedeutung. Es geht dabei nicht nur um Prozesse der modernen Demokratie, sondern ebenso um den vormodernen Pluralismus, wie er in manchen Ständestaaten existierte. Gerade in Polen spielte die Tradition des vormodernen Pluralismus in Form der Adelsdemokratie, des Adelsparlamentarismus und schließlich der Adelsrepublik – paradoxerweise eine Art Monarchie – eine bedeutende Rolle. In dieser Hinsicht unterschied sich Polen stark von Ländern des Absolutismus, gleichgültig, ob aufgeklärt oder nicht aufgeklärt, wie Rußland, Preußen, Rumänien, frühere Donaufürstentümer oder sogar Böhmen als ein Teil der habsburgischen Monarchie. Es läßt sich natürlich sagen, daß sich der Adelspluralismus nicht nur auf einen Stand beschränkte, sondern auch gewisse Züge eines staatsgefährdenden Anarchismus aufwies.

Eine andere Eigenart der polnischen Tradition ist, daß der politische Pluralismus mit dem polnischen Staat am Ende des 18. Jahrhunderts begraben wurde, jedenfalls im Sinne einer existenten Staatsordnung. Polen wurde geteilt und durch drei Teilungsmächte regiert. Andererseits ist darauf hinzuweisen, daß gerade dort, wo nationale Freiheit am meisten respektiert wurde, sich auch der politische Pluralismus entweder behaupten, wie im sogenannten Königreich Polen 1815–1830, mit dem russischen Kaiser als König, oder erneuern konnte, wie in der österreichischen Provinz Galizien nach 1867.

Die politische Pluralität bestand in der polnischen Unabhängigkeitsbewegung weiter und zwar zu einem Teil auf einer unterschiedlichen sozialen Basis, zum anderen Teil in Verbindung mit politischen und ideologischen Kontroversen. Er war aber unter den Bedingungen einer fremdstaatlichen Unterdrückung mit der Tendenz zu einer nationalen Integration verbunden und richtete sich gegen den Staat. In diesem Sinne war er als eine Fortsetzung der adelsdemokratischen Tradition mit ihrer Ablehnung der staatlichen Omnipotenz zu verstehen.

Eine wirkliche parlamentarische Demokratie bestand nur während einer kurzen Periode zwischen 1919 und 1926. In dieser Zeit war weder der undisziplinierte und „anarchistische" Pluralismus noch die Bereitschaft zu einer nationalen Integration gegen den äußeren Feind verschwunden. Die erste Tendenz war später besonders stark, als der polnische Staat schon gesicherte Grenzen hatte und außenpolitisch stabil zu sein schien. In der früheren Periode spielten dagegen nationale Gefühle eine große Rolle.

Der Staatsstreich im Jahre 1926 und die Einführung eines autoritären Systems liquidierten den politischen Pluralismus nur langsam und partiell. Obwohl sich die Regierung fest in einer Hand befand, existierte der politische Pluralismus, auch in seiner parlamentarischen Form weiter. Mehrere Jahre gab es Konflikte zwischen der unter der Fahne einer Staatsideologie segelnden Regierung und der unter der Fahne eines demokratischen Volkswillens auftretenden Opposition. Sogar nach der Gleichschaltung des Parlaments im Jahre 1935 konnten die politischen Parteien beinahe uneingeschränkt ihre organisatorischen und politischen Aktivitäten fortsetzen. Gerade das förderte aber den Gegensatz zwischen einem autoritären Staat und einem breiten politisch-pluralistischen Spektrum mit großem Anhang in der Bevölkerung.

Der Zweite Weltkrieg brachte Polen eine nationale Integration bei Erhaltung des politischen Pluralismus, programmatisch auf die Zukunft gerichtet, und mit einem eigenartigen Burgfrieden im Untergrund und im Exil, der gegen den äußeren Feind gerichtet war. Der alte Gegensatz zwischen dem Staat und der Gesellschaft entstand in neuer Form. Einerseits existierte eine volle Übereinstimmung zwischen dem Exil- und dem Untergrundstaat und der Gesellschaft, wenn auch der Staat weitgehend nur symbolisch bestand. Andererseits wurde zwischen der Besatzungsmacht und der polnischen Gesellschaft ein extremer Kampf auf Leben und Tod geführt.

Mit solchem Gepäck aus der Vergangenheit ist Polen in das kommunistische System eingetreten. Von Anfang an brach der Gegensatz von Staat und Gesellscaft wieder auf. Der Kommunismus wurde von außen aufgezwungen. Er ging mit einer Konfrontation gegen die sich auflösende nationale Integration einher, weil Parteien und Gruppen unterschiedliche Stellungen gegenüber dem neuen Regime einnahmen. Das Spektrum entfaltete sich von einem antikommunistischen Fundamentalismus, verbunden mit Widerstand, Untergrund und Ablehnung jeder Zusammenarbeit, bis zu einer engen Kooperation, die sich entweder auf den Konformismus oder den Glauben an die Möglichkeit stützte, die vollständige Sowjetisierung Polens zu vermeiden.

Ein populärer Begriff bezeichnete die Entwicklung am Anfang des kommunistischen Systems als Salamitaktik. Der Staat wurde in seinen wichtigsten Funktionen direkt von polnischen Kommunisten beherrscht und war indirekt von Moskauer Befehlen abhängig. Der Scheinpluralismus des Staates wurde durch den oktroyierten legalen Pluralismus von politischen Parteien und Gruppen sowie den scharf bekämpften und allmählich liquidierten illegalen Pluralismus begleitet. Schon im Laufe der Auseinandersetzung mit dem Untergrund wurde auch ein Teil des legalen Spektrums angegriffen und mit Repressalien unterdrückt. Die Kampffront wechselte, und schließlich wurden bis 1948 alle mehr oder weniger unabhängige illegale und legale politische Kräfte liquidiert. Das geschah in einer Konfrontation zwischen dem kommunistischen Staat und einer vielfarbigen Gesellschaft, die im Endergebnis gleichgeschaltet und in eine totalitäre Gesellschaft umgewandelt wurde. Die Symbiose des Staates und der Monopolpartei wurde nur durch die weitere Präsenz der katholischen Kirche im öffentlichen Leben gestört, welche einerseits für viele Menschen eine Ersatzfunktion für den fehlenden politischen Pluralismus erfüllte, andererseits aber unter starkem Druck stand und sich nur in einem engen Feld der Seelsorge bewegte.

Wichtige Instrumente des Kommunismus als eines totalitären Systems blieben mehr als 30 Jahre lang gleich, wenn sich auch einzelne, manchmal nicht unwichtige Bestandteile des Systems änderten. Zu diesen Instrumenten gehören: die allumfassende Organisation der Bevölkerung, die aggressive Ideologie, welche ein mystifiziertes Klassenprinzip mit einem Verlangen nach der nationalen Einheit verband und der breit angelegte Terror gegen alle wirklichen und angeblichen Gegner des Systems. Sowohl ideologisch als auch durch die repressive Machtausübung wurden alle Widersacher des totalen Staates als Klassen- und Nationsgegner, Kriegstreiber und Agenten oder wenigstens als Quertreiber kriminalisiert. Der totalitäre Anspruch eines monopolparteilichen Staates wurde in Polen verhältnismäßig früh in Frage gestellt. Die Jahre 1956, 1968, 1970 und 1976 waren Stationen eines Widerstands, der auch zu verschiedenartigen Rissen, aber nicht zu einer Erschütterung des ganzen Baus führte. Die bedeutendsten Wandlungen ereigneten sich im Jahre 1956.

Erstens wurde ein Recht der katholischen Kirche auf Selbständigkeit gegenüber dem Staat anerkannnt. Obwohl die Kirche sich auch weiter nur auf ihre Seelsorgeaufgaben beschränken sollte, wurde Platz für von der Partei unabhängige katholische Organisationen, Klubs der Katholischen Intelligenz, Zeitschriften und sogar für eine Handvoll katholischer Abgeordneten geschaffen.

Zweitens wurde im Jahre 1956 eine gewisse Meinungsfreiheit der Intellektuellen zuerst *via facti* gewonnen und später trotz vieler Beschränkungen und sogar roher Angriffe nie völlig zurückgenommen. Das bedeutete kaum einen Einschnitt im organisatorischen Bereich, dagegen eine bedeutende Pluralisierung des Systems – oder eher seiner Praktizierung – im Bereich der Ideologie. Ein Versuch, diese Meinungsfreiheit im Jahre 1968 abzuschaffen, wurde paradoxerweise unter der nationalistischen und nicht kommunistischen Fahne unternommen, hatte aber nur einen kurzlebigen Effekt.

Drittens verzichteten im Jahre 1956 polnische Kommunisten auf die schon begonnene Kollektivierung der Landwirtschaft nach sowjetischem Muster. Im nächsten Vierteljahrhundert wurden ständige Versuche unternommen, die polnische Landwirtschaft zu „sozialisieren“, d.h. sie zu entprivatisieren. Jedoch gelang das nicht, wenn auch die Grundlagen für selbständige Bauernwirtschaft weitgehend unterminiert wurden. Auf den politischen Pluralismus hatte die Organisation der polnischen Landwirtschaft keinen direkten Einfluß gehabt, bestimmte jedoch nachhaltig das allgemeine Klima des polnischen Lebens.

Erst in der zweiten Hälfte der 70-iger Jahre entstanden politische Organisationen, welche ganz offen das Alleinvertretungsrecht der kommunistischen Partei in Frage stellten. Die erste Gruppe, die Polnische Unabhängigkeitsbewegung, war geheim, aber bald siegte trotz des aufgezwungenen illegalen Status das Konzept, möglichst öffentlich zu arbeiten. Die Idee des politischen Pluralismus wurde ganz eindeutig vertreten, erstens in der Auslegung eines „Neuen Evolutionismus“ von Adam Michnik, zweitens in der Programmatik des Komitees zur Verteidigung der Arbeiter mit der Zielsetzung einer „Selbstorganisation der Gesellschaft“, die natürlich mit dem totalitären Machtanspruch des Monopolparteistaates in Gegensatz geriet und drittens, schon später, unter der Losung einer „sich selbstbeschränkenden Revolution“, die die Gesellschaft und den Parteistaat als zwei rivalisierende, obwohl notwendig auch zusammenarbeitende, Subjekte der Politik betrachtete.

Damit sind wir schon bei dem großen Wandel, angefangen im August 1980 angelangt, der – was wir jedoch erst aus historischem Abstand begreifen können –, der Anfang eines Auflösungsprozesses des kommunistischen Systems in Polen und nicht nur in Polen bedeutete. Unter dem Druck der rebellierenden Massen, vor allem der Arbeiter in den großen Betrieben, mußten die Kommunisten zulassen, daß einer der wichtigsten Pfeiler des kommunistischen Systems abgebaut wurde: Sie mußten das Recht auf Entstehen von unabhängigen politischen Organisationen legalisieren. Die vorher existierenden Klubs der Katholischen Intelligenz hatten eine ganz andere Bedeutung. Sie waren elitär, intellektuell und nur in wenigen großen Städten zugelassen. Dagegen wurde die „Solidarität“ als Massenorganisation im Landesmaßstab aktiv.

Der neue politische Pluralismus in Polen wurde im Jahre 1980 geboren. Gegen diese These lassen sich zwei Einwände richten. Erstens war die „Solidarität“ eine Gewerkschaft und verzichtete laut auf politische Aktivitäten. Zweitens spielten im politischen Spektrum eigentlich nur zwei Kräfte eine wirklich nennenswerte Rolle, die Kommunisten und die „Solidarität“; in diesem Sinne sollte man eher über einen Bipolarismus als über einen Pluralismus reden.

Die Einwände, die sich gegen die Entstehung des politischen Pluralismus im Jahre 1980 richteten, sind jedoch nicht überzeugend. Gerade aus Grundprinzipien des kommunistischen Systems wurde das Alleinvertretungsrecht der Partei in allen Bereichen des öffentlichen Lebens abgeleitet. Ebenso wie der Anspruch der Partei total war, seine Infragestellung mußte, ob bewußt oder unbewußt, einen totalen Charakter haben. Eine „Arbeitsteilung“ der verschiedenen Organisationen hatte im Kommunismus nur technische Bedeutung, weil sie über die führende Partei koordiniert wurde. Wer die Führung der Partei bestritt, ließ sich auf Konflikte auf allen Ebenen ein. Die unabhängige Gewerkschaft stand dem Arbeitgeber gegenüber, aber der Staat als Arbeitgeber war gleichzeitig Beherrscher aller Medien, Gesetzgeber und Richter, Befehlshaber des Militärs und der Polizei, Hausbesitzer und Verteiler der Mangelwaren, Schulaufseher und Organisator des Gesundheitswesens.

Unausweichlich stand dem Alleinvertretungsanspruch der kommunistischen Partei der Alleinvertretungsanspruch der „Solidarität" gegenüber. Der letztere formierte sich in einem Prozeß von Konflikten, in der Hoffnungslosigkeit einzelner Schichten gegenüber der Entwicklung auf bestimmten Feldern, in der quantitativen Stärke einer Massenorganisation mit Millionen von Mitgliedern und ihrer qualitativen Schwäche, irgendetwas nicht nur zu gewinnen, sondern auch für die Zukunft zu sichern.

Organisatorisch war das polnische Spektrum in den Jahren 1980/1981 sicher eher bipolar als pluralistisch. Der totale Staat provozierte den totalen Widerstand und Widerspruch. Weil aber zwei Pole existierten, führte das zu einer viel komplizierteren politischen Landschaft als sie die organisatorischen Verhältnisse zeigten. Um die Pole sammelten sich heterogene Strukturen oder Vertreter unterschiedlicher Auffassungen, wie in der kommunistischen Partei vom „Beton" bis zu „horizontalen Strukturen" oder in der „Solidarität" von revoltierenden Populisten bis zu reformistischen Befürwortern einer Politik der „kleinen Schritte". Ebenso war das ideologische Spektrum bunt, wenn auch manchmal eklektisch.

Die Verhängung des Kriegsrechts im Dezember 1981 war ein nach hinten gerichteter Versuch, das kommunistische System in seiner alten Form wiederherzustellen. Paradoxerweise war sie zum Teil auch eine Wiederholung der Situation aus der Zeit nach dem Zweiten Weltkrieg. Der Gegensatz Staat–Gesellschaft erklärte die Grundlinien der Politik. Der Staat wurde als ein Ausdruck des aufgezwungenen Systems wahrgenommen. Zu einer tiefergehenden Wiederholung kam es aber nicht. Erst während des Kriegsrechts wurde die Bipolarisierung weitgehend zu einer, wenn auch nicht konfliktfreien, dennoch ethisch fundierten Integration beider Seiten entwickelt. Für die Salamitaktik war kein Platz mehr. Die Partei war zu wenig bereit, taktische Zugeständnisse im Stil anno domini 1945 zu machen. Viel wichtiger war aber, daß die Opposition in ihrem Ethos sich zu einem Zusammenhalt gegenüber dem System verpflichtet fühlte, was bei allen Meinungsverschiedenheiten, die bei ihr auftraten, eine Zusammenarbeit der einzelnen Gruppen mit Kommunisten praktisch ausschloß.

In der Kriegsrechts- und Nachkriegsrechtszeit fehlten Kontroversen sowohl bei den Anhängern des kommunistischen Systems als auch bei der Opposition nicht. Die Tendenz der Integration dominierte jedoch auf beiden Seiten, bei Systembefürwortern, weil sie isoliert, zahlenmäßig schwach und nach der Absage der großen Masse der polnischen Arbeiter und des polnischen Volkes in jeder Hinsicht legitimationslos, nicht fähig waren, bei aufgezogenem Vorhang zu streiten, bei den Oppositionellen, weil sie in der Illegalität und in der Furcht vor einer immer drohenden Terrorwelle lebten. Eine offene Frage war nur, wie breit diese Integrationstendenz wirkte. Betraf sie nur Menschen, die mehr oder weniger aktiv ihre Verbindung mit der illegalen „Solidarität" fortsetzten? Oder betraf sie auch Millionen Menschen, die zu wenig Mut dazu hatten, aber innerlich sich als „Solidaritäts"-Mitglieder oder Anhänger fühlten, wenn auch diese Selbstbestimmung nur ihrer Familie oder sogar nur dem Spiegel bekannt war?

Die zweite Antwort entsprach wahrscheinlich der Überzeugung von Jaruzelski und anderen Befürwortern der „Runden-Tisch-Gespräche" im Frühjahr 1989. Sie versprachen sich von einer Verständigung mit der „Solidarität" eine breitere Basis für notwendige Wirtschaftsreformen und eine gemeinsame Aktivierung der großen Masse der Bevölkerung im Interesse der Reformen. Sie dachten an eine Möglichkeit der vernichtenden Wahlentscheidung überhaupt nicht. Um sie vom Vorwurf einer Kurzsichtigkeit und Leichtfertigkeit zu entlasten: in der „Solidarität" sah man auch nicht die zukünftige Entwicklung voraus.

Mit dem Abkommen am „Runden Tisch" wurde das legale politische Spektrum in Polen wieder pluralistisch. Es wurde aber damit noch viel stärker bipolar als 1980–1981. Der „polnische Krieg", wie man das Kriegsrecht bezeichnete, hinterließ tiefe Spuren. Die Wahlen für das Parlament im Juni 1989 zeigten, daß es bei so einer Gegenüberstellung eher um ein Plebiszit für und gegen Kommunisten als um eine variantenreiche Wahl ging. Bei dieser Abstimmung konnten Gegner des Kommunismus 70–80% der Stimmen für sich buchen, seine Anhänger, aber auch diejenigen, die vor einer Wiederholung der Kriegserklärung zurückschreckten, höchstens 20–30% auf sich vereinigen. Weil aber die Attraktivität des kommunistischen Systems für seine Befürworter weitgehend mit seiner Macht und über ihn mit garantierten Privilegien verbunden war, wurde die Niederlage selbst eine Quelle des neuen Prozesses, einer vollen Auflösung des kommunistischen Systems und der kommunistischen Partei.

Die „Solidarität" ist unter der Fahne der Demokratie und des Pluralismus in die Wahlen gegangen, aber paradoxerweise wurde sie zu einem neuen Instrument der nationalen Integration, das gegen das alte System gerichtet war. Die Auflösung des Kommunismus brachte auch einen Sturz der kommunistischen Regierung. Die Mazowiecki-Regierung mit einer Dominanz der „Solidaritäts"-Anhänger wurde zu einem einmaligen Ereignis in der polnischen Geschichte der letzten Jahrzehnte und zu einem seltenen der letzten zwei Jahrhunderte. Sie konnte den Widerspruch zwischen dem Staat und der Gesellschaft überwinden.

Immerhin wird mancher Beobachter sagen, daß Polen nach den Wahlen ein Fall laut verkündeten Pluralismus, aber ohne Pluralismus in der politischen Wirklichkeit wurde. Im Lande herrschen Freiheit und Demokratie, es fehlen dagegen Strukturen, in welchen politisch engagierte Bürger ihre potentielle Aktivität in Gang setzen würden. Die organisatorische Seite ist schwach entwickelt und undurchsichtig. Einerseits besteht die Gewerkschaft, wie auch die Brudergewerkschaft der Bauern, andererseits das Bürgerkomitee als ein Ensemble der Honoratioren und Politiker und als informelle Spitze aller regionalen und lokalen Bürgerkomitees. Niemand weiß, wo die Führung ist. Die parlamentarische Fraktion und der „Parlamentarische Bürgerklub" stehen hier wie die Regierung in einem unklaren Verhältnis zu der Gewerkschaftsspitze und zum Bürgerkomitee.

Ist das die bewußte Tätigkeit einer politischen Gruppe oder die Unerfahrenheit oder ein spontanes Hinneigen zum Autoritarismus? Die Meinungen darüber sind geteilt, obwohl ich eher einer anderen Auffassung zustimme. Die „Solidaritäts"-Bewegung ist als eine Gegenbewegung entstanden, in Gestalt einer Sammelbewegung. Es läßt sich natürlich sagen, daß in dieser Hinsicht ihr die Grundlagen entzogen wurden. Das stimmt nur teilweise. Es scheint, daß für Millionen von Menschen und wahrscheinlich für eine entschiedene Mehrheit der Bevölkerung das kommunistische Regime noch nicht Geschichte ist. Ob als Wirklichkeit oder Schatten, es existiert und entscheidet die politische Willensbildung. Die „Solidaritäts"-Bewegung hört noch nicht auf eine gegen das kommunistische System gerichtete Sammelbewegung zu sein, aber gleichzeitig fing sie an, gegen die strukturelle Krise gerichtete Burgfriedensbewegung zu sein.

Das letzte Jahr ist voll Informationen über Neugründungen von Parteien, Spaltungen, Namensänderungen und Auflösungen. Es wäre töricht zu behaupten, daß die „Solidaritäts"-Bewegung mit ihrer unterentwickelten Organisation die Parteienbildung stört. Eine große Mehrheit der populärsten Politiker dieser Bewegung sieht die Unterschiede eher als zweitrangig und einer gemeinsamen Zielsetzung untergeordnet an, und eine große Mehrheit der „Solidaritäts"-Basis wünscht sich eine weitere Integration und nicht eine Spaltung der „Solidaritäts"-Bewegung in Parteien, weil sie gegenwärtig nicht wegen irgendwelcher scharfer Konflikte in einem Zustand des inneren Kampfes steht.

Eine wichtige Frage ist, inwieweit die jetzt bestehende integrierende Tendenz mit Problemen und inwieweit sie mit bestimmten Symbolen verbunden ist. Zur Zeit trifft beides zu. Zwei Symbole sind dabei am wichtigsten: „Solidarität" als Begriff und Zeichen sowie diejenigen Personen, die mit der „Solidarität" identifiziert werden. Die größere Gefahr des Autoritarismus kann erst dann kommen, wenn nicht Probleme, sondern nur Symbole und, was noch gefährlicher wäre, Personen als Integrationsfaktoren die wichtigste Rolle spielen sollten.

Es läßt sich jedoch ein parteipolitischer Pluralismus nicht künstlich aufziehen. Die große Hoffnung besteht immerhin in der Erfahrung der letzten Jahrzehnte, im Ethos der „Solidaritäts"-Eliten und im evolutionären Weg des politischen Wandels in Polen. Wohin er führt, wo er mündet, wird erst die Geschichte zeigen.

Karl Wilhelm Fricke

DIE DEMOKRATISIERUNG IN DER DDR

Die Demokratisierung in der DDR ist historisches Ereignis. Mit dieser einleiteden Feststellung soll resümiert werden, daß sich die politischen Verhältnisse in der DDR seit Herbst vorigen Jahres bereits so grundlegend gewandelt haben, daß sich der zweite deutsche Staat zum ersten Mal in seiner 40jährigen Geschichte wirklich als demokratische Republik darstellt.

Wenn hier die Demokratisierung in der DDR als historisches Ereignis charakterisiert wird, so soll das die Diagnose ihrer Irreversibilität einschließen. Es gibt schon heute kein Zurück mehr zu den alten Zuständen in der DDR.

Der bestimmende Wesenszug der Demokratisierung in der DDR ist darin zu sehen, daß sie das Resultat einer „Revolution von unten" ist. Ihre Triebkraft war „das Volk". 200 Jahre nach der Großen Französischen Revolution wurde erneut ein Ancien régime, das sich historisch überlebt hatte, durch eine Levée en masse entmachtet, konnte das Volk seinen Willen gegen die überkommene Herrschaft durchsetzen. Das Entscheidende daran: Es geschah gewaltfrei. Blut mußte nicht fließen. Darin liegt übrigens ein gewichtiger Unterschied zur Großen Französischen Revolution.

Dabei hat es die List der Geschichte gefügt, daß die Demokratisierung in der DDR zugleich deren Ende als eigenständiger Staat eingeläutet hat. Über die Vorstellung, die Demokratisierung bedeute den „Aufbruch in eine andere DDR",[1] war der politische Wandel schon bald hinaus. Gefordert war statt einer Reform der DDR innerhalb des bestehenden Systems die Aufhebung des Systems, seine Transformierung in eine freiheitlich-demokratische, rechts- und sozialstaatliche Gesellschaftsordnung. Es ging schon seit dem Spätherbst '89 nicht mehr um den Erhalt der DDR, um ihren Bestand als „sozialistische Alternative" zur Bundesrepublik, sondern um ihre Vereinigung mit der Bundesrepublik.

Voll ermessen läßt sich die historische Dimension der Demokratisierung in der DDR erst im Blick zurück auf die Macht, die durch sie zertrümmert wurde, und auf den steinigen Weg, der bis zu diesem Ziel zurückgelegt werden mußte.

Zertrümmert wurde eines der letzten spätstalinistischen Regimes in Europa, ein totalitär verfaßter Staat, der sich in Artikel 1 seiner demokratisch illegiti-

---

[1] Vgl. Hubertus Knabe (Herausgeber): Aufbruch in eine andere DDR. Reformer und Oppositionelle zur Zukunft ihren Landes, Reinbek bei Hamburg, 320 Seiten.

men Verfassung als „sozialistischer Staat der Arbeiter und Bauern" definiert hatte, als „die politische Organisation der Werktätigen in Stadt und Land unter Führung der Arbeiterklasse und ihrer marxistisch-leninistischen Partei". Letztlich war es deren Politbüro mit dem Generalsekretär an der Spitze, das in der DDR das Monopol der Macht wie der ideologischen Wahrheit usurpiert hatte und das die Massen des Volkes dank einer straff durchstrukturierten Herrschaft durch Kader permanenter Mobilisierung aussetzte. Es war dabei ganz gleichgültig, ob Nummer eins der Partei Walter Ulbricht hieß oder Erich Honecker.

Michael Schumann hat auf dem außerordentlichen Parteitag der ehemaligen Staatspartei das Regime wie folgt gekennzeichnet:

- „Konzentration der Macht in den Händen eines arroganten Alleinherrschers,
- Steuerung der Wirtschaft durch eine Kommandozentrale, der es an Verständnis für elementare Bedürfnisse der produktiven und sozialen Bereiche der Gesellschaft und für Lebensqualität der Bevölkerung fehlte,
- Reglementierung und bürokratische Zentralisation von Kultur, Wissenschaft und Bildung . . . ,
- politische Entmündigung der Bürger . . . und Kriminalisierung Andersdenkender,
- Verwandlung der Medienlandschaft in eine trostlose Informationswüste . . . ,
- Ausgrenzung der Parteibasis aus allen innerparteilichen Willensbildungs- und Entscheidungsprozessen".[2]

War es Zufall, daß der Potsdamer Professor ein Spezifikum des Ancien régime in der DDR unerwähnt ließ – das Wirken des Ministeriums für Staatssicherheit als konstitutives Herrschaftsinstrument der SED? „Die Verfassungswirklichkeit wurde maßgeblich beeinflußt durch die Existenz eines Ministeriums für Staatssicherheit", konstatierte Siegfried Mampel 1972 in seinem DDR-Verfassungskommentar. „Ihm wurde die Kompetenz übertragen, nicht nur alle politischen Regungen der Bevölkerung zu überwachen, sondern auch gegen ‚Staatsfeinde' einzuschreiten. Es schirmte die Entwicklung gegenüber Andersdenkenden ab . . . Es wurde zu einem Instrument des Terrors, dessen die Inhaber der politischen Macht bedurften, um die Entwicklung in ihrem Sinne voranzutreiben".[3]

In der Tat wäre die Herrschaft der SED ohne den umfassenden Überwachungs- und Unterdrückungsapparat des MfS nicht von 40jährigem Bestand

---

[2] Michael Schumann: „Zur Krise in der Gesellschaft und zu ihren Ursachen, zur Verantwortung der SED", in: Außerordentlicher Parteitag der SED/PDS, (Ost-)Berlin 1990, S. 41 f.

[3] Siegfried Mampel: Die sozialistische Verfassung der Deutschen Demokratischen Republik. Text und Kommentar, zweite, völlig neu bearbeitete und erweiterte Auflage. Frankfurt/Main 1982, S. 65.

gewesen. Seine Effizienz lag in der Bündelung seiner parlamentarisch unkontrollierten Befugnisse als politische Geheimpolizei, als Untersuchungsorgan in politischen Strafsachen, speziell bei Staatsverbrechen, und als geheimer Nachrichtendienst.[4] Laut regierungsoffiziellem Eingeständnis[5] zählte das MfS, das 1989 über einen Jahresetat von 3,6 Milliarden Mark verfügte, zuletzt über 85 000 hauptamtliche Mitarbeiter – dazu über 109 000 inoffizielle Mitarbeiter, vulgäre Spitzel, die eine „totale flächendeckende Überwachung" gewährleisten sollten. Egon Krenz, Honeckers Nachfolger als Generalsekretär der SED für 47 Tage, hat das MfS einen „abgeschirmten Staat im Staate"[6] geheißen. Diese Charakterisierung ist insoweit unzulänglich, als das MfS jederzeit unter Kontrolle der Führung der SED gestanden und sich als „Schild und Schwert der Partei" empfunden hat.

Eine politische Aufwertung hat das MfS unter der Ägide Erich Honeckers allerdings erfahren. Untrügliches Indiz: Anders als Ulbricht hat er den Minister für Staatssicherheit bewußt in die Führung der Partei einbezogen: Erich Mielke – seit 1957 im Amt – wurde 1971 Kandidat, 1976 Mitglied des Politbüros, womit er unmittelbar Zugriff auf alle politischen Entscheidungen der SED-Spitze erlangt hatte und bis zu Honeckers Sturz behalten sollte.

Indes zeichnete sich die Tendenz zur Stärkung der Staatssicherheit seit Mitte der achtziger Jahre besonders deutlich ab. „Mit wachsender Instabilität der DDR wurde eine Perfektionierung der Überwachungsmechanismen angestrebt. Der ehemalige Minister forderte, den wachsenden Einfluß ‚Andersdenkender' zurückzudrängen. Deshalb wurde seit 1985 eine totale ‚flächendeckende' Überwachungsarbeit angestrebt. Grundlage dafür war eine Dienstanweisung Nr. 2/85 zur ‚vorbeugenden Verhinderung Aufdeckung und Bekämpfung politischer Untergrundtätigkeit".[7] Das Zitat entstammt einem regierungsoffiziellen Zwischenbericht an den Runden Tisch über die Auflösung des Sicherheitsapparates – und es ist in doppelter Weise typisch: Zum einen belegt es die Illusion der damals Herrschenden, politische Stabilität in der DDR durch Überwachung und Unterdrückung erreichen zu können. Zum anderen deutet es auf die Kriminalisierung jeder Opposition unter dem Diktat der SED.

Grundsätzlich galt für die SED seit Jahr und Tag das Dogma, daß „für eine Opposition keine objektive soziale und politische Grundlage"[8] existiere – eine

---

[4] Vgl. Karl Wilhelm Fricke: Die DDR-Staatssicherheit. Entwicklung, Strukturen, Aktionsfelder, 3. Auflage, Köln 1989, S. 13.

[5] „Seit 1985 ‚flächendeckende Überwachung' angestrebt". Zwischenbericht über den Stand der Auflösung des ehemaligen Amtes für Nationale Sicherheit, in: National-Zeitung vom 16. Januar 1990.

[6] Erklärung von Egon Krenz am Zentralen Runden Tisch in Ost-Berlin vom 22. Januar 1990, zit. nach Stimme der DDR.

[7] „Seit 1985 ‚flächendeckende Überwachung' angestrebt", a.a.O. (Anm. 5).

[8] Autorenkollektiv: Kleines Politisches Wörterbuch, (Ost-)Berlin 1988, 7. Auflage, S. 707.

politische Fiktion, die tagtäglich in der DDR als solche enthüllt wurde, vor allem in den achtziger Jahren. Denn seit den frühen achtziger Jahren begannen sich in der DDR verstärkt autonome Basisgruppen, Bürger- und Menschenrechtsinitiativen, ökologische und pazifistische Kreise immer unbefangener zusammenzufinden, um über Reformen des Systems zu diskutieren, um Kritik zu artikulieren und den öffentlichen Dialog zu suchen. Reservate, in denen sie sich geschützt entfalten könnten, fanden sie in der evangelischen Kirche. „Daß die Kirchen zur politischen Ersatz-Öffentlichkeit eines ganzen Landes wurden, ist weniger deren eigenen politischen Ambitionen zuzuschreiben, als der Tatsache, daß sie seit Gründung der DDR die einzige autonome Großorganisation bildeten. Ihre Gotteshäuser wurden zu Versammlungsorten, weil der Staat alle anderen Räumlichkeiten blockierte, auf ihren Druckmaschinen und Kopiergeräten wurden Umweltzeitschriften oder andere kritische Papiere vervielfältigt . . . , ihre Synoden, Kirchentage und Zusammenkünfte bildeten die Formen einer gesellschaftlichen Verständigung, die anderswo nicht stattfinden konnte“.[9] Jedenfalls ist es kirchlicher Toleranz zu verdanken, daß sich die autonomen Gruppen unter dem Dach der Kirche entfalten und so zu geistigen und politischen Wegbereitern der Demokratisierung in der DDR werden konnten.

Die Herrschenden glaubten sich dem Dialog verweigern zu können. Aufgrund ihrer sogenannten Sicherheitsdoktrin spekulierten sie auf politische Stabilität durch Repression und Kriminalisierung regimekritischer und oppositioneller Gruppierungen. Um der Bildung alternativer Strukturen entgegenzuwirken, entwickelte das MfS eigens ein Konzept zur „Bekämpfung politischer Untergrundtätigkeit“. Inzwischen liegt aus den Akten des aufgelösten Ministeriums für Staatssicherheit eine interessante, sozusagen amtliche Zahl vor: In einer vom 1. Juni 1989 stammenden „Information“, die von der Zentralen Auswertungs- und Informationsgruppe des MfS für die Führung der SED ausgearbeitet worden war, heißt es: „Gegenwärtig (also zum genannten Stichtag) bestehen in der DDR ca. 160 derartige Zusammenschlüsse. Unter diesen befindet sich eine größere Anzahl, von der kontinuierlich bzw. anlaßbezogen feindlich-negative bzw. anderweitige, gegen die sozialistische Staats- und Gesellschaftsordnung gerichtete Handlungen ausgehen. Sie gliedern sich in knapp 150 sogen. kirchliche Basisgruppen, die sich selbst, ausgehend von dem demagogisch vorgegebenen ‚Ziel‘ und ‚Inhalt‘ ihrer Tätigkeit bzw. ihrer personellen Zusammensetzung, bezeichnen als ‚Friedenskreise‘ (35), ‚Ökologiegruppen‘ (39), gemischte ‚Friedens- und Umweltgruppen‘ (32), ‚Frauengruppen‘ (7), ‚Ärztekreise‘ (3), ‚Menschenrechtsgruppen‘ (10) bzw. ‚2./3.-Welt-Gruppen‘ (39) und sogen. Regionalgruppen von Wehrdienstverweigerern . . . Darüber hinaus existieren über 10 personelle Zusammenschlüsse mit spezifisch koordinierenden Funktionen und Aufgabenstellung wie der Fortsetzungsausschuß ‚Konkret für

[9] Hubertus Knabe: „Die Deutsche Oktoberrevolution“, in: Aufbruch in eine andere DDR, a.a.O., S. 11.

den Frieden', der ‚Arbeitskreis Solidarische Kirche' (in 12 Regionalgruppen), die ‚Kirche von unten' (in 4 Regionalgruppen), das ‚Grün-Ökologische Netzwerk Arche', die ‚Initiative Frieden und Menschenrechte' und der ‚Freundeskreis Wehrdiensttotalverweigerer".[10]

Trotz aller repressiven Maßnahmen waren Regimekritik und Opposition nicht mehr einzudämmen, im Gegenteil, je halsstarriger sich die Herrschenden der Notwendigkeit zur Erneuerung der DDR verschlossen, desto entschiedener fanden sich die politischen Gegenkräfte herausgefordert, zumal sie sich durch Gorbatschows Neues Denken, durch „Glasnost" und „Perestroika", durch Wandel in der Sowjetunion ermutigt und bestärkt fühlten. Die Argumente, mit denen auch in der DDR für demokratische Erneuerung plädiert wurde, stammten nun nicht mehr vom „imperialistischen Klassenfeind", sondern aus Moskau. Der Umbruch in Polen und in Ungarn tat ein übriges. Joachim Herrmanns Warnungen vor „bürgerlichem Pluralismus" und „bürgerlicher Ideologie" auf dem 8. Plenum des ZK der SED sind ebenso unvergessen wie seine Vorahnung, „unter der Fahne ‚Erneuerung des Sozialismus' " seien „in Osteuropa Kräfte am Werk, die die Beseitigung des Sozialismus anstreben".[11]

Das Ancien régime konnte oder wollte die Zeichen der Zeit nicht erkennen. Selbst zunehmend öffentliche Proteste gegen den Einheitslisten-Wahlmodus bei den Kommunalwahlen in der DDR am 7. Mai 1989 und die Forderung nach Aufstellung unabhängiger Kandidaten machten die Herrschenden nicht hellhörig. Stattdessen ließen sie nach dem Urnengang das Wahlergebnis in so plumper Manier auf 98,85 Prozent Ja-Stimmen fälschen, daß sie eine bis dahin in der DDR nicht gekannte Flut von öffentlichen Protesten und vereinzelt Strafanzeigen wegen Wahlfälschung nach § 211 DDR-StGB auslösten.

Die Einsichtslosigkeit der Herrschenden provozierte nicht nur Protest und Opposition – sie verschlechterte 1989 generell die Grundstimmung in der Bevölkerung dermaßen, daß die Menschen, die in der DDR keine Perspektive mehr für sich sahen, zu Hunderttausenden die Konsequenzen zogen. Im 40. Jahr der DDR verließen so viel Menschen den ungeliebten Staat wie in keinem anderem Jahr zuvor – nämlich 348 854, die „legal" kamen, mit behördlicher Genehmigung oder als Sperrbrecher, Botschaftsbesetzer, Flüchtlinge.[12] Die Welt erlebte ein dramatisches Anschwellen des Flucht- und Ausreisestroms, das politisch einer „Abstimmung mit den Füßen" gleichkam. Die Eskalation der Entwicklung macht die Sprunghaftigkeit im Anstieg der Flucht- und Übersiedlerzahlen besonders anschaulich: Von 20 955 im August stiegen sie auf 33 255 im September, auf 57 024 im Oktober auf 133 429 im November 1989.

---

[10] Zit. Bei Armin Mitter/Stefan Wolle (Herausgeber): „Ich liebe euch doch alle!". Befehle und Lageberichte des MfS Janaur–November 1989, (Ost-)Berlin 1990, S. 47.

[11] Aus dem Bericht des Politbüros an die 8. Tagung des Zentralkomitees der SED. Berichterstatter: Joachim Herrmann, in: Neues Deutschland vom 23. Juni 1989.

[12] Zahlen nach Angaben des Bundesministeriums für innerdeutsche Beziehungen.

Die „Abstimmung mit den Füßen“ und das Erstarken der Protest- und Oppositionsbewegung zusammen waren es, die als politische Fermente der revolutionären Krise in der DDR wirkten. Nur die Herrschenden selbst glaubten in der alten Weise weiterregieren zu können. Sie begingen den 40. Jahrestag der DDR-Gründung wie seit Jahrzehnten in gewohntem Pomp. Am Vorabend des Staatsjubiläums hielt Honecker im Ostberliner „Palast der Republik“ in Anwesenheit Gorbatschows und vieler anderer Staatsgäste eine Festrede,[13] die ein selbstgefällig-geschöntes Bild der DDR so weit fernab aller politischen und gesellschaftlichen Realität entwarf, daß sie auf jedermann grotesk, ja, kafkaesk wirken mußte.

Es war Honeckers letzte Festrede. Tags darauf paradierte die Nationale Volksarmee ein letztes Mal an Honecker vorbei – und während am Abend des 7. Oktober die Nomenklatura im „Palast der Republik“ ihr Staatsjubiläum feierte, ging das Volk auf die Straße: In Ost-Berlin, in Dresden, in Leipzig, in Karl-Marx-Stadt, in Plauen. Hier kam es zu großen Demonstrationen – und hier kam es auch zu gewalttätigen Einsätzen von Polizei- und Sicherheitskräften gegen die Demonstranten mit bis dahin unbekannter Härte, unter rücksichtsloser Anwendung von Schlagstöcken, Hundestaffeln, Wasserwerfern und Tränengas.[14] Nicht weniger als 3456 Personen[15] wurden „zugeführt“ und teils stunden-, teils tagelang unter demütigenden Schikanen und körperlichen Mißhandlungen festgehalten.

Schon am 4. und 5. Oktober war es zu schweren Auseinandersetzungen zwischen Demonstranten und Einsatzkräften in Dresden gekommen. Es waren die Tage, an denen Sonderzüge aus Prag Tausende von DDR-Flüchtlingen aus der bundesdeutschen Botschaft zur Ausreise nach Westen verhalfen.

Historiker werden die Massendemonstrationen am 7. Oktober einmal als Anfang vom Ende des Honecker-Regimes einschätzen. In den Wochen und Monaten danach wurden die Demonstrationen zur politisch entscheidenden Triebkraft der deutschen November-Revolution 1989. Das Fanal dazu kam aus Leipzig.

Hier in der Messestadt war es schon seit ein paar Jahren zu kleineren Demonstrationen für Freizügigkeit und Reisefreiheit gekommen. Im Vorfeld des 7. Oktober hatten sich regelmäßig an Montagabenden nach Friedensandachten in der Nikolaikirche, später auch in anderen Kirchen, Hunderte, zuletzt Tausende zu Schweigemärschen und Demonstrationen formiert. Das gewalttätige

---

[13] „Durch das Volk und für das Volk wurde Großes vollbracht“. Festansprache von Erich Honecker, in: Neues Deutschland vom 9. Oktober 1989.

[14] Vgl. Josef Kurz: „Chronik eines Aufbruchs“, in: Jetzt oder nie – Demokratie. Leipziger Herbst '89. Mit einem Vorwort von Rolf Henrich, Leipzig 1989, S. 305 ff.

[15] „Allen Anzeigen wurde nachgegangen und Ermittlungsverfahren eingeleitet“. Bericht des Generalstaatsanwalts vor der Volkskammer, in: Neues Deutschland vom 20. September 1989.

Vorgehen der Polizei- und Sicherheitskräfte am 7. und 8. Oktober löste schließlich so viel Empörung und Solidarität aus, daß am 9. Oktober erstmals 100 000 Menschen in Leipzig spontan auf die Straße gingen.[16] Es war die Demonstration, bei der auf Messers Schneide stand, ob sich die Herrschenden für eine „chinesische Lösung" entschieden, das heißt, die Demonstration, „diese konterrevolutionäre Aktion" in Leipzig, „endgültig und wirksam zu unterbinden" entschlossen – „wenn es sein muß, mit der Waffe in der Hand".[17] So war immerhin öffentlich gedroht worden. Zu einem Blutbad ist es gottlob nicht gekommen, aber eben diese Erfahrung hat bewirkt, daß auch bei den folgenden Montagsdemonstrationen in Leipzig im November und Dezember bis zu 300 000 Teilnehmer zusammenkamen.

Neben diesem quantitativen Aspekt der Leipziger Montagsdemonstrationen muß ein qualitativer Aspekt hervorgehoben werden. In ihrer Zielsetzung erfuhren die Demonstrationen eine aufschlußreiche Wandlung. Die Forderung nach Freizügigkeit erweiterte sich bald zu einem selbstbewußten Verlangen nach Freiheit. Nicht mehr „Wir wollen raus", sondern „Wir sind das Volk" skandierten die Demonstranten als Losung und „Wir bleiben hier" und „Gorbi – Gorbi" und „Freie Wahlen jetzt" und „Stasi in die Produktion".[18] Das heißt in Leipzig wurde alsbald generell für demokratische Reformen in der DDR demonstriert – und nicht nur in Leipzig! Einem Steppenbrand gleich griffen die Massendemonstrationen auf andere DDR-Städte über, auf Cottbus, Dresden, Erfurt, Gera, Greifswald, Güstrow, Halle, Magdeburg, Jena, Meißen, Neubrandenburg, Potsdam, Rostock, Schwerin und Zwickau, um hier wenigstens die Städte zu nennen, in denen Massenkundgebungen die Demonstranten in fünf- und sechsstelliger Zahl[19] zusammenführen sollten.

Zu der in der Geschichte der DDR größten nichtstaatlich organisierten Massenkundgebung kam es schließlich am 4. November auf dem Alexanderplatz in Ost-Berlin, als nicht weniger als 26 Redner zu mehr als einer halben Million Menschen sprachen und für die demokratische Erneuerung der DDR eintraten.

Zu einem bestimmten Zeitpunkt nahmen die Demonstrationen abermals einen neuen politischen Charakter an. Fortan wurde nicht mehr für eine bessere DDR demonstriert, sondern für die deutsche Einheit. Nicht mehr „Wir sind das Volk" hieß nun die Losung, sondern „Wir sind ein Volk". Das äußere Bild der Demonstrationen wurde mehr und mehr von Fahnen Schwarz-Rot-Gold ohne

---

[16] Vgl. Josef Kurz: „Chronik eines Aufbruchs", a.a.O. (Anm. 14).

[17] „Werktätige des Bezirkes fordern: Staatsfeindlichkeit nicht länger dulden", Leserbrief von Günter Lutz, in: Leipziger Volkszeitung vom 6. Oktober 1989. Der Verfasser war Kommandeur einer Kampfgruppen-Hundertschaft.

[18] Außer Jetzt oder nie – Demokratie (Anm. 14) vgl. dazu Christoph Links/Hannes Bahrmann: Wir sind das Volk. Die DDR im Aufbruch. Eine Chronik, (Ost-)Berlin/Wuppertal 1989; und Wider den Schlaf der Vernunft, Berlin 1990.

[19] Vgl. Josef Kurz: „Chronik eines Aufbruchs", a.a.O. (Anm. 14), S. 305 ff.

Staatsemblem der DDR bestimmt. Honeckers absurde These von einer sich entwickelnden sozialistischen Nation in der DDR im Gegensatz zur kapitalistischen Nation in der Bundesrepublik – sie wurde auf den Straßen in Leipzig und Dresden endgültig zertreten.

Nach eigener Recherche wird dieser Umschlag in eine neue politische Qualität in Leipzig zum ersten Mal in der Montagsdemonstration vom 13. November manifest. „Deutschland-Deutschland"-Rufe werden nun skandiert und „Deutschland einig Vaterland". Es liegt auf der Hand, daß dieser Wandel den durch die Öffnung der Berliner Mauer vier Tage zuvor provozierten Stimmungsumschwung reflektiert.

Unter dem Druck der Massendemonstrationen brach das Ancien régime binnen Wochen zusammen. Am 17. Oktober wurde Honecker im Politbüro intern abgelöst:[20] Am 18. Oktober trat das Zentralkomitee zu seiner 9. Plenartagung zusammen. Honeckers Sturz wurde als Rücktritt „aus gesundheitlichen Gründen" verschleiert.[21] Egon Krenz wurde zum neuen Generalsekretär der SED gewählt.[22] Für die Demokratisierung der DDR war damit eine wesentliche personelle Voraussetzung erfüllt.

Zusammen mit Honecker verloren Günter Mittag, der für die Wirtschaftspolitik zuständige Sekretär des ZK, und Joachim Herrmann, der für die Medienpolitik verantwortliche ZK-Sekretär, ihre Funktionen. Sie schieden wie Honecker aus dem Politbüro aus.

Allerdings glaubte Krenz noch, die Demokratisierung in der DDR konterkarieren und die Macht der Partei im wesentlichen bewahren zu können. In seiner ersten Rede[23] als Generalsekretär der SED sprach er zwar davon, „eine Wende einleiten" zu wollen, aber gleichzeitig beschwor er die schon zu Honeckers Zeiten propagierte Linie einer Politik von Kontinuität und Erneuerung. Vor allem aber reklamierte er für die SED weiterhin uneingeschränkt den politisch-idelogischen Herrschaftsanspruch. „Unsere Macht ist die Macht der Arbeiterklasse und des ganzen Volkes unter Führung der Partei" – erklärte er. „Der Sozialismus auf deutschem Boden steht nicht zur Disposition".

Solche Formeln konnten werder die demonstrierenden Massen von der Straße bringen noch die oppositionellen Gruppen beschwichtigen; im Gegenteil, die Letztgenannten fanden sich in ihrem Tun und Wollen bestätigt und ermutigt; sie ertrotzten ihre legale Existenz – die „Initiative Frieden und Menschenrechte" etwa und der „Demokratische Aufbruch", „Neues Forum" und „De-

---

20 Egon Krenz: Wenn Mauern fallen. Die Friedliche Revolution: Vorgeschichte – Ablauf – Auswirkungen, Wien 1990, S. 143 ff.

21 Erklärung des Genossen Erich Honecker, in: Neues Deutschland vom 19. Oktober 1989.

22 Kommuniqué der 9. Tagung des ZK der SED, ebenda.

23 Rede des Genossen Egon Krenz, ebenda.

mokratie Jetzt" und nicht zuletzt die Sozialdemokratische Partei der DDR. Die Legalisierung der Opposition, der hernach am 7. Dezember ihre Institutionalisierung am Runden Tisch folgte, war eine weitere wichtige Phase der Demokratisierung in der DDR. Sie fiel zeitlich mit dem Wandel der Medien zusammen, die sich dem Griff der Parteizensoren zu entwinden begannen. Erstmals seit Bestehen der DDR fanden Zeitungen, Rundfunk und Fernsehen zu relativer Unabhängigkeit und journalistischer Eigenverantwortlichkeit, auch wenn in manchen Redaktionen so mancher „Wendehals" sein politisches Gewissen erst neu entdeckt hatte.

Obwohl Krenz unter dem Druck fortdauernder Massendemonstrationen in vielen DDR-Städten politische Zugeständnisse in Aussicht stellte oder schon machte, wie sie vor der Wende allgemeine Zustimmung ausgelöst hätten – etwa eine Erneuerung des politischen Systems, Reformen in Wirtschaft und Verwaltung, Reiseerleichterungen, Rechtsstaatlichkeit und Verfassungsgerichtsbarkeit, eine Amnestie, eine neue Medienpolitik und die Einführung eines Zivildienstes für Wehrpflichtige –, blieb die Krise; die Herrschaft der SED vermochte Krenz nicht mehr zu stabilisieren. Ein Aktionsprogramm,[24] das das ZK der SED auf dem 10. Plenum beschloß – im Grunde übrigens war das eine dreitägige Krisensitzung vom 8. bis 10. November –, lag genau auf dieser Linie. Auf die Massendemonstrationen konnte die SED damit ebenso wenig mehr Einfluß nehmen wie auf die Flucht- und Ausreisebewegung. Vielmehr setzte sich ihr eigener Verfall unaufhaltsam fort. Indizien dafür waren wachsende Irritationen an der Basis der Partei und massenhafte Austritte. Radikale Wechsel in der Spitze signalisierten zudem eine Führungskrise. Nachdem am 3. November weitere fünf Mitglieder des Politbüros zurückgetreten waren – darunter Erich Mielke –, wählte das ZK auf dem 10. Plenum ein neues, das letzte Politbüro der SED, aus dem es binnen 24 Stunden erneut Rücktritte gab. Seine wichtigste Schlüsselfigur war Hans Modrow.[25]

Immerhin sprach die SED in ihrem Aktionsprogramm plötzlich von einer „revolutionären Volksbewegung", die „einen Prozeß gravierender Umwälzung in Gang gesetzt" habe. „Die Erneuerung des Sozialismus steht auf der Tagesordnung". Der Zeitungsleser glaubte seinen Augen nicht zu trauen, als er weiter las: „Es bedurfte der friedlichen Massenproteste der Bevölkerung, der Willensbekundungen vieler politischer Organisationen, des konstruktiven Wirkens kirchlicher Kreise und des wachsenden Drucks der Basis unserer eigenen Partei sowie eines Lernprozesses in der Parteiführung, um die erstarrten politischen Strukturen aufzubrechen und erste Schritte einer Wende einzuleiten".

Die Führung der SED begann die Notwendigkeit einer Demokratisierung in der DDR zumindest verbal anzuerkennen. Als die Regierung Willi Stoph am

[24] „Schritte zur Erneuerung". Aktionsprogramm der SED, in: Neues Deutschland vom 11./12. November 1989.

[25] Kommuniqué der 10. Tagung des Zentralkomitees der SED, ebenda.

7. November geschlossen ihren Rücktritt erklärte, war dies nach Honeckers Sturz der zweite Erfolg der Demokratiebewegung. Ihr dritter ist in den Annalen der Geschichte unter dem 9. November verzeichnet: An diesem Tag beschloß das Politbüro der SED eine hernach vom Ministerrat formalisierte neue Reiseregelung, die kurzfristig die unumschränkte Erteilung von Visa an DDR-Bürger vorsah. Ausgelöst durch eine mißverständliche Äußerung Schabowskis, strömten von den späten Abendstunden an in Ost-Berlin unübersehbare Menschenmassen zur Mauer und zu den Grenzübergängen, um die Situation „vor Ort" in Augenschein zu nehmen. Um befürchteten Zusammenstößen vorzubeugen, öffneten die DDR-Grenztruppen schließlich die Mauer, und Zehntausende von Ostberlinern gelangten unkontrolliert in den Westteil. Das geteilte Berlin wuchs in dieser Nacht und in den Tagen danach gleichsam wieder zusammen – jedenfalls verlor die Mauer ihre fatale Bedeutung. Auch an der Grenze zur Bundesrepublik fielen die Barrieren.

Gedacht war die Entscheidung als eine Maßnahme, die den inneren Druck in der DDR eliminieren sollte, aber politisch hat sie der SED nichts eingebracht, denn nun, da die Besucher aus der DDR den Westen in seiner Realität durch Augenschein wahrnehmen konnten, wurden sie sich der Misere ihres eigenen Daseins um so betroffener bewußt. Aus der Forderung nach Demokratisierung in der DDR wurde der Ruf nach der deutschen Einheit. In der DDR wollten viele Menschen nun so leben wie die Menschen in der Bundesrepublik.

Es kann nicht Sinn dieser Ausführungen sein, den Umbruch in der DDR minutiös nachzuzeichnen. Stichworte müssen genügen: Am 13. November wird Hans Modrow zum Ministerpräsidenten gewählt. Vier Tage später macht er mit seiner Regierungserklärung[26] in der Volkskammer schonungslos klar, wie tief die DDR in die Krise gedriftet war. Die Liste seines Kabinetts umfaßte 28 Namen – 16 weniger im Vergleich zum alten Ministerrat –, aber sie war trotzdem noch immer beherrscht von einer Mehrheit von Mitgliedern der SED. Sie stellte siebzehn Minister gegenüber elf Kabinettsmitgliedern, die aus den Blockparteien kamen, Schlüsselministerien hatte ihnen Modrow nicht angeboten. Noch kannte die Demokratisierung ihre Grenzen.

Das galt auch für eine spezielle Entscheidung Modrows: Das Ministerium für Staatssicherheit, politisch diskreditiert und verhaßt, wurde zunächst durch ein Amt für Nationale Sicherheit ersetzt, in dem die alten Strukturen, die alten Kader offensichtlich bestimmend blieben. Es war eine politische Fehlentscheidung. Zu einem größten Erfolge der DDR-Opposition gehört es, daß sie Modrow zwingen konnte, das Ministerium für Staatssicherheit beziehungsweise seine Nachfolgeorganisation aufzulösen und auf andere Sicherheitsorgane zu verzichten.

---

[26] Regierungserklärung des Vorsitzenden des DDR-Ministerrates Hans Modrow, in: Neues Deutschland vom 18. November 1989.

Möglicherweise um Einfluß auf die Demokratisierung zu gewinnen, schlug das Politbüro der SED den Blockparteien und der Opposition Gespräche an einem nach polnischem Vorbild nun auch in der DDR zu bildenden Runden Tisch vor.[27] Unter dem Vorsitz von Kirchenvertretern setzten sich die Regierung, die Alt-Parteien, die neuen Parteien und die Bürgerbewegung am 7. Dezember erstmals zusammen. Zum ersten Mal war der Dialog zwischen den Herrschenden und der wenige Wochen zuvor noch als „antisozialistisch" und „staatsfeindlich" verteufelten Opposition in der DDR institutionalisiert. Für die Demokratisierung in der DDR war das ein weiterer Fortschritt. Bis zu den Wahlen zur Volkskammer tagte der Runde Tisch nahezu jede Woche mindestens einmal.

Zu den geradezu symbolischen Belegen eines Wandels, der wenige Wochen zuvor noch kaum für denkbar behalten worden wäre, muß ferner die Tilgung jener DDR-Verfassungsbestimmung gerechnet werden, die das Herrschaftsmonopol der SED sanktionieren sollte. Tatsächlich beschloß die Volkskammer durch Gesetz vom 1. Dezember die Streichung des Halbsatzes „unter Führung der Arbeiterklasse und ihrer marxistisch-leninistischen Partei" aus Artikel 1 der Verfassung,[28] die in diesem Punkte nun mit der politischen Realität übereinstimmte.

Ohne den Verfall, der die SED unaufhaltsam erfaßt hatte, hätte die ehemalige Staatspartei auf diesem Verfassunsartikel – auf den sich Krenz in seiner Antrittsrede als Staatsratsvorsitzender noch ausdrücklich berufen[29] hatte – unverändert bestanden. Indes hatte sich innerparteilich die Krise der SED schon so weit verschärft, daß auch der erneuerten Führung kein Bestand mehr beschieden war. Auf einer außerordentlichen Tagung des Zentralkomitees am 3. Dezember – seiner letzten Plenartagung – mußten sowohl das Politbüro als auch das ZK ihren Rücktritt erklären, ein in der Geschichte regierender kommunistischer Parteien einmaliger Vorgang! Zuvor waren Erich Honecker und weitere elf Mitglieder der alten Führung, unter ihnen Erich Mielke, aus der SED ausgeschlossen.

Begleitet wurde die Führungskrise der SED von heftigen Konflikten an der Basis der Partei. Sie erzwang schließlich die vorzeitige Einberufung eines außerordentlichen Parteitages. Der Mitgliederschwund dauerte an. Die SED, deren Stärke Krenz nach seiner Wahl als Generalsekretär noch auf 2,3 Millionen Genossinnen und Genossen beziffert hatte – vermutlich wider besseres Wissen –, sie schrumpfte auf derzeit 650 000 Mitglieder zusammen.

---

[27] „Politbüro für Dialog am ‚Runden Tisch'", in: Neues Deutschland vom 23. November '89.

[28] Gesetz zur Änderung der Verfassung der Deutschen Demokratischen Republik vom 1. Dezember 1989 (GBl. I S. 265).

[29] „Das Wohl des Volkes ist unser elementarer Leitsatz", Erklärung von Egon Krenz vor der Volkskammer, in: Neues Deutschland vom 25. Oktober 1989.

Der weitere Gang der Dinge braucht nicht näher geschildert zu werden: Auf ihrem in zwei Etappen, am 8./9. Dezember und am 15./16. Dezember, abgehaltenen außerordentlichen Parteitag leitete die ehemalige Staatspartei der DDR ihre strukturelle und personelle Erneuerung ein, verbunden mit dem zumindest verbalen Bruch mit dem stalinistischen System.[30] Nach einer Übergangszeit unter dem Doppelnamen SED-PDS entschied sie sich endgültig dafür, sich „Partei des Demokratischen Sozialismus" zu nennen[31] – eine erstaunliche Entscheidung, bedenkt man, wie ehedem der Begriff des „demokratischen Sozialismus" als „konterrevolutionäre Variante" der „bürgerlichen Ideologie" denunziert worden war.

Wie schwer die SED-PDS von der Krise geschüttelt wurde, veranschaulicht der Austritt Wolfgang Berghofers, eines ihrer drei stellvertretenden Vorsitzenden, aus der SED-PDS. Der Dresdener Oberbürgermeister trat am 20. Januar gemeinsam mit 39 anderen, teils prominenten Genossen aus Dresden mit der Begründung aus der Partei aus, ihr fehle die „politische Kraft" zu grundsätzlicher Erneuerung.[32]

Mag sein, daß Berhofer auch von der Politik der Regierung Modrow enttäuscht war. Sie war in der Tat durch Zögern und Halbherzigkeit bestimmt. Sie blieb lange Zeit in politisch-ideologischen Vorstellungen befangen, die auf den Fortbestand des Sozialismus in der DDR – wenn auch in demokratisierter Form – orientiert war. Insoweit hatte Modrow die Erfordernisse der Demokratisierung in der DDR falsch beurteilt. Die Folge war, daß er die erhoffte Stabilisierung der DDR nicht erreichen konnte.

Am 5. Februar sah sich Modrow gezwungen, die Opposition in die politische Verantwortung einzubinden: Mit dem Eintritt von acht Ministern ohne Ressort wurde die am 17. November gebildete Koalitionsregierung zu einer „Regierung der nationalen Verantwortung"[33] – so jedenfalls ihr Selbstverständnis – erweitert! Für die Demokratisierung in der DDR war diese Regierungsumbildung ein weiterer Schritt hin auf einen Wechsel der Macht, zumal inzwischen die Neuwahl der Volkskammer beschlossen, ihr Termin sogar vom 6. Mai auf den 18. März 1990 vorgezogen worden war; für den 6. Mai wurden Kommunalwahlen anberaumt.

Ein neues Wahlgesetz garantiert Wahlen nach dem Verhältniswahlrecht, es enthält keine Sperrklausel, berechtigt neben Parteien auch politische Vereinigungen zur Kandidatur und macht die Benutzung der Wahlkabine zur Pflicht,

---

[30] Materialien dazu in: Außerordentlicher Parteitag der SED/PDS, a. a. O. (Anm. 2).

[31] „Das ‚SED' ist weg – die PDS ist eine neue Partei", in: Neues Deutschland vom 5. Februar 1990.

[32] „Wolfgang Berghofer aus der SED-PDS ausgetreten", in: Neues Deutschland vom 22. Januar 1990.

[33] „Kabinett der nationalen Verantwortung gebildet", in: Neues Deutschland vom 6. Februar 1990.

daß heißt, zum ersten Mal finden nach 40 Jahren DDR freie, wirklich demokratische Wahlen statt. Ein Triumph der Demokratisierung.

Nach offizieller Feststellung sind derzeit 41 Parteien und Vereinigungen registriert, von denen sich 21 an den Wahlen zur Volkskammer beteiligen. Die Demokratisierung hat mithin schon eine vielfältige Parteienlandschaft hervorgebracht, einen Parteien-Pluralismus, der in seiner derzeitigen Struktur allerdings kaum Bestand haben wird.

Neben der PDS existieren nach wie vor die vier nichtkommunistischen ehemaligen Blockparteien, die sich aus ihrer jahrzehntelangen Vormundschaft gelöst und die unter neu gewählten Führungen zu politischer Eigenständigkeit gefunden haben: Dies sind konkret die Christlich-Demokratische Union und die Liberal-Demokratische Partei, die als klassische bürgerliche Parteien bereits 1945 gegründet wurden, sowie die National-Demokratische Partei Deutschlands und die Demokratische Bauernpartei Deutschlands, deren Gründung 1948 durch die SED manipuliert wurde, um das Kräftereservoir von CDU und LPD zu zernieren.

Während die National-Demokraten und die Bauern-Parteiler einen selbständigen Wahlkampf führen, haben sich CDU und LPD mit neuen oppositionellen Parteien zu Wahlbündnissen zusammengeschlossen, um auf diese Weise im Wahlkampf besser bestehen zu können.

Eigenständig dagegen zieht die SPD, die Sozialdemokratische Partei in der DDR, in den Wahlkampf. Sie war am 7. Oktober als SDP neu gegründet worden. Im Schulterschluß mit den bundesdeutschen Sozialdemokraten jedoch hat sie alsbald wieder den traditionellen Namen SPD angenommen. Mit derzeit weit über 100 000 Mitgliedern ist die SPD der DDR zweifellos die Mitgliederstärkste unter den neu gegründeten Parteien in der DDR.

Zu diesen Neugründungen zählen der „Demokratische Aufbruch", eine Partei, die aus einer sozial und ökologisch orientierten Sammlungsbewegung hervorging, sowie die „Deutsche Soziale Union", einer christlich-konservativen Parteineugründung, die sich durch Zusammenschluß verschiedener christlich-demokratischer und konservativer Splitterparteien in der DDR bildete.

Zusammen mit der DDR-CDU sind der „Demokratische Aufbruch" und die „Deutsche Soziale Union" ein von den bundesdeutschen Unionsparteien unterstütztes Wahlbündnis eingegangen, das sich als „Allianz für Deutschland" präsentiert.

Im Ringen um Wählerstimmen aus den sozialen Mittelschichten konkurriert mit der „Allianz für Deutschland" der „Bund freier Demokraten", ebenfalls ein Wahlbündnis auf Zeit, in dem sich die LDP und zwei liberale Parteineugründungen gefunden haben – die Freie Demokratische Partei der DDR und die Deutsche Forumpartei.

In ihren Grundauffassungen zur politischen und wirtschaftlichen Zukunft der DDR und zur Einheit Deutschlands unterscheiden sich Sozialdemokraten, die „Allianz für Deutschland“ und der „Bund freier Demokraten“ nicht wesentlich, allenfalls in Nuancen und im Verfahren. Anders verhält es sich mit dem „Bündnis 90“, einem weiteren Wahlzusammenschluß, der unter der Losung „Bürger für Bürger“ die drei Bürgerrechtsgruppierungen „Neues Forum“, „Demokratie Jetzt“ und die „Initiative Frieden und Menschenrechte“ vereinigt. Das „Bündnis 90“ tritt für eine sozial und ökologisch orientierte Marktwirtschaft ein, beharrt aber kurz gesagt in der Frage der Vereinigung beider deutschen Staaten auf mehr Eigenständigkeit der DDR.

Auch auf der linken Seite des im Zuge der Demokratisierung in der DDR neu entstandenen Parteienspektrums ist Bewegung erkennbar. Inspiriert durch die sogenannte „Böhlener Plattform“, einem linken Thesenpapier, entstand die „Vereinigte Linke“, die sich als Aktionsbündnis linker Gruppen versteht. Die „Vereinigte Linke“ sieht in der DDR nach wie vor eine „sozialistische Alternative“ zur Bundesrepublik. Weitere linke Gruppierungen wie „Die Nelken“ und die Kommunistische Partei Deutschlands müssen ebenfalls als Splittergruppen qualifiziert werden.

Nicht unerwähnt zu bleiben hat letztlich die Grüne Partei der DDR, die unter dem Motto „ökologisch, feministisch, gewaltfrei“ aus der Taufe gehoben wurde. Sie ist mit dem Unabhängigen Frauenbund (UFV) ein Wahlbündnis eingegangen.

Ich möchte es bei dieser knappen Skizzierung der Parteienlandschaft in der DDR belassen. Welche Chancen die neuen Parteien haben, entscheiden die Wähler am 18. März.[34] Es würde den Rahmen dieses Referats sprengen, wollte ich hier auch auf die früheren Massenorganisationen am Gängelband der SED eingehen, auf die Freie Deutsche Jugend und auf den Freien Deutschen Gewerkschaftsbund etwa, oder auf die Verbände und Vereinigungen oder Journalisten, der Schriftsteller, der bildenden Künste, auf neu gegründete Unternehmerverbände in der DDR u.a.m. Die Demokratisierung wirkt in alle gesellschaftlichen Bereiche hinein – alles ist im politischen Umbruch, nicht immer sind Weg und Ziel eindeutig erkennbar.

Zum Schluß möchte ich nur noch auf ein spezielles Moment in der Politik der Regierung Modrow aufmerksam machen, das wesentlich durch die Demokratisierung bedingt ist: auf Modrows Positionswechsel in der deutschen Frage.

In seiner ersten Regierungserklärung hatte der DDR-Ministerpräsident zwar für eine „Vertragsgemeinschaft“[35] mit der Bundesrepublik plädiert, aber „den

[34] Vgl. „Endgültiges Wahlergebnis“ der Wahlen zur Volkskammer der DDR am 18. März 1990, in: Deutschland Archiv Nr. 4/1990, S. 499.

[35] Regierungserklärung des Vorsitzenden des DDR-Ministerrates Hans Modrow, a.a.O. (Anm. 26).

ebenso unrealistischen wie gefährlichen Spekulationen über eine Wiedervereinigung die klare Absage erteilt". Unter dem Eindruck der Massendemonstrationen in November und Dezember, vielleicht auch seines Arbeitstreffens mit Bundeskanzler Helmut Kohl am 19. Dezember 1989 in Dresden und der Kundgebung vor der Ruine der Frauenkirche mit dem Kanzler, scheint er die politische Haltlosigkeit seiner Position erkannt zu haben. Nur so erklärt sich seine Erkenntnis, „daß es in der Tat jetzt notwendig sein wird, sich der Frage eines einigen deutschen Vaterlandes mit Entschiedenheit zuzuwenden . . . Die Perspektive der Vereinigung liegt vor uns".[36] Modrow bekannte sich dazu in Moskau nach einem Treffen mit Gorbatschow am 30. Januar 1990.

Kurz darauf, am 1. Februar, unmittelbar nach seiner Rückkehr nach Berlin, unterbreitete der DDR-Ministerpräsident der Öffentlichkeit eine „Konzeption zu Schritten auf dem Weg zu Deutschland einig Vaterland".[37] Auf eigentümliche Weise bestätigt sich damit die These, die ein frührender Ideologe der SED, Otto Reinhold, vor der Wende aufgestellt hatte, daß nämlich die DDR „nur als sozialistische Alternative zur BRD denkbar" ist. Indem sich im Zuge der Demokratisierung in der DDR ein qualitativer Wandel des Systems vollzog und vollzieht, war und ist die Frage nach dem Bestand der DDR als eigener Staat negativ entschieden.

Mit seiner Entscheidung am 18. März bestimmt das Volk in der DDR auch das Schrittmaß auf dem Weg zu einem geeinten Deutschland. Währungsunion und Wirtschaftsgemeinschaft, Übergang zu einer sozial und ökologisch orientierten Marktwirtschaft, Verfassungs- und Rechtsreform, Rückkehr zu einer föderativen Struktur mit den früheren fünf Ländern – und das Ganze eingebunden in eine europäische Friedensordnung, die den vier alliierten Siegermächten des Zweiten Weltkrieges und den Völkern Europas die Vorstellung eines geeinten Deutschland erträglich sein läßt: das ist wohl die Perspektive.

Wenn ich einleitend gefolgert habe, die Demokratisierung in der DDR sei bereits irreversibel, daß es folglich kein Zurück mehr geben kann zu den alten spätstalinistischen Strukturen, so heißt das nicht, daß sie nicht auf andere Weise gefährdet sein kann – von innen wie von außen.

Von innen vor allem, weil es schwierig sein wird, das Führungspersonal in Verwaltung, Polizei und Justiz, Wirtschaft und Wissenschaft auszuwechseln. Das aber ist unabweislich. Wenn sich wie in der DDR die Herrschaft der SED durch Kader verwirklicht hat, erfordert neue Herrschaft neue Kader. Die Problemlösung wird erschwert durch die Abwanderungsbewegung aus der DDR. So lange ihr nicht Einhalt geboten werden kann, belastet sie zunehmend die

---

36 „Hans Modrow vor der Presse in Moskau", in: Neues Deutschland vom 31. Januar 1990.

37 „Hans Modrow unterbreitet Konzept ‚Für Deutschland, einig Vaterland'", in: Neues Deutschland vom 2. Februar 1990.

politische Erneuerung. Wenn sich die DDR entvölkert, hat ihre Demokratisierung keinen Sinn mehr.

Von außen wird das Schicksal der Demokratisierung in der DDR noch immer wesentlich durch den Erfolg Gorbatschows bestimmt. Sein Neues Denken und seine Politik der „Perestrojka" haben den demokratischen Umbruch in der DDR erst ermöglicht. Sollte Gorbatschow historisch zum Scheitern verurteilt sein, drohen auch der Demokratisierung in der DDR unabsehbare Risiken, jedenfalls so lange die Vereinigung beider deutscher Staaten nicht Realität ist.

II. Wirtschaft

Jerzy Kleer

WIRTSCHAFTSREFORM IN POLEN

I.

Die Analyse der Wirtschaftsreform in Polen setzt eine genaue Definition des untersuchten Gegenstands voraus: handelt es sich um die Änderung des alten zentralisierten Wirtschaftssystems oder um die Erstellung eines vollkommen neuen auf den Trümmern des alten. Aus den Regierungserklärungen kann gefolgert werden, daß es sich nicht um die Reform des alten, vom Realsozialismus stammenden Wirtschaftssystems handelt, sondern um die Einführung einer Marktwirtschaft, die manchmal mit dem Prädikat „sozial" versehen wird, aber manchmal auch ohne diesen Zusatz. Aber der Übergang zum marktwirtschaftlichen System ist keine einfache Aufgabe, sie erfordert, bei allen anderen gleichbleibenden Bedingungen, vor allem Zeit. Die Wirtschaft unterscheidet sich nämlich gerade darin von der Politik, daß sie sich nicht in einer relativ kurzen Zeit umstellen läßt. Eins ist sicher, daß nämlich das langfristige Ziel der Umwandlung die Herstellung der Marktwirtschaft ist. Das bedeutet erstens, daß das Wirtschaftssystem eine tiefe Wandlung durchmachen muß – in seinen Mechanismen, in den Instrumenten und Kriterien, von denen man sich bei jeder Entscheidung leiten läßt; zweitens bezieht sich dieser Wandel auf die Eigentumsstruktur und, drittens, auf eine völlig neue und andersgeartete Politik der Verteilung.

Wenn das Endziel des reformierten Wirtschaftssystems einigermaßen klar zu sein scheint, was gar nicht so sicher ist, so können zwei Fragen noch nicht präzis beantwortet werden: wie soll der Weg des Übergangs von der Kommando- zur Marktwirtschaft aussehen, und welches der zeitliche Horizont dieses Übergangs ist. Diese beiden Fragen sind offen, weil noch kein Land diesen Weg gegangen ist, und weil alle Vergleiche mit den bisher in der Welt vorgenommenen Reformen, auf die man sich in den Diskussionen bezieht, keinen Sinn haben. Diese wurden nämlich unter vollkommen anderen Bedingungen verwirklicht, die sich nicht mit denen vergleichen lassen, mit welchen wir heute in Polen konfrontiert sind.

II.

Die Versuche, eine zentralisierte Wirtschaft zu reformieren, haben schon eine eigene Geschichte. Man begann damit Mitte der fünfziger Jahre, sowohl in Polen, wie auch in anderen Ländern des sogenannten realen Sozialismus. In ihrem theoretischen Ansatz gingen alle diese Versuche von der Notwendigkeit aus, neben dem Zentralplan auch Marktmechanismen zu nutzen, die Entscheidungen zu dezentralisieren, Motivationssysteme einzuführen, die auf das Unternehmen ausgerichtet waren, auf kleine Kollektive, aber auch Einzelmenschen. In diesem Zusammenhang ist eine umfangreiche Literatur entstanden, sowohl auf theoretischer, wie auch auf praktischer Ebene. Allgemein gesagt, endeten alle diese Versuche mit einem Fiasko, sie haben nämlich nicht zur Schaffung eines effektiveren Systems geführt, zumindest nicht in einer längeren Zeitspanne. Wenn eine gewisse Besserung eintrat, so hatte sie in der Regel kurzfristigen Charakter und nach einer bestimmten Zeit kam es zum Rückfall in das alte, zentralisierte Wirtschaftssystem, wenn auch in etwas modifizierter Gestalt. Leider hat die Wissenschaft bisher noch nicht prinzipiell festgestellt, warum es so gekommen ist. Waren es rein politische Gründe oder steckten die Hindernisse in der Wirtschaftsstruktur, in ihrer Unbeweglichkeit und anderen spezifischen Merkmalen?

Für die nachfolgenden Erwägungen können einige Thesen formuliert werden, die sich, wie es scheint, auf alle Staaten des realen Sozialismus beziehen, aber vor allem von den polnischen und teilweise ungarischen und jugoslawischen Erfahrungen ausgehen.

Erste These: eine Wirtschaft kann nicht effektiv funktionieren, wenn sie sich auf das Prinzip stützt – etwas Plan und etwas Markt. Das war das Grundprinzip der theoretischen Überlegungen in den fünfziger und sechziger Jahren, wie auch der zahlreichen Reformversuche. Man meinte damals, eine solche Verbindung wäre möglich; der vor allem für die Bevölkerung bestimmte Güter- und Dienstleistungsmarkt könnte mit Hilfe von Marktregeln gesteuert werden, während der Kapital-, Devisen- und Arbeitsmarkt im Bereich der zentralen Plansteuerung bleiben würde. Diese Auffassung hat sich niemals bewährt und heute sind wir uns auch dessen bewußt, daß sie theoretisch falsch war. In ihrer Masse können die Unternehmen sich nicht an zweifache Spielregeln halten, in einer Situation, in der die einen dieser Regeln viel stärker sind, als die anderen. Die Allokation der Produktionsfaktoren und der Produktionsprozeß waren einer ganz anderen Logik (Logik des Plans, der administrativen Charakter hatte) als der Absatz und Verkauf (Martklogik) unterworfen. Die Wirtschaft ist ein homogenes System, in dem, zumindest wenn es sich um ihren überwiegenden Teil handelt, einheitliche Wirtschaftsprinzipien gelten müssen. Und deswegen kam es nach einer gewissen Zeit zum Rückfall in das alte, administrative Kommandosystem. Es gibt schon genügend Beweise für diesen Sachverhalt, obgleich das ganze komplizierte System der wiederkehrenden Rückfälle noch nicht genügend beschrieben worden ist, geschweige denn theoretisch verallgemeinert.

Zweite These: keine der bis 1989 unternommenen Reformen hat die Wirtschaft in ausreichendem Maß entpolitisiert. Das System des sogenannten realen Sozialismus zeichnete sich durch eine enge und starke Verknüpfung der Politik und Wirtschaft aus. Es galt das alte Leninsche Prinzip: das Primat der Politik gegenüber der Wirtschaft. In seiner allgemeinsten Form fand dieses Prinzip seinen Ausdruck in einer doppelten Unterordnung der Wirtschaft durch die Politik, erstens in der Gestalt des wirtschaftlichen Verwaltungsapparats des Staates und zweitens des politischen Apparats der Partei. Alle wichtigeren, zumindest aber die Mehrheit der Entscheidungen der Wirtschaftsverwaltung des Staats mußten von der Partei akzeptiert werden, dasselbe betraf alle wichtigeren Posten auf allen Entscheidungsebenen – angefangen von der Regierung bis zum Unternehmen und der Gemeinde.

Die Entpolitisierung der Wirtschaft war nicht nur durch das anerkannte Systemkonzept erschwert, sondern auch durch den mangelnden Willen des Parteiapparats, auf die von ihm ausgeübte Machtposition zu verzichten, wie auch auf die damit verbundenen Vorteile.

Dritte These: die sozialistische Wirtschaft zeichnet sich durch eine spezifische wirtschaftliche Struktur und durch bestimmte, diese Struktur konservierende Eigenschaften aus. Diese verleihen ihr ein starkes Beharrungsvermögen. Ohne sich auf eine breitere Analyse dieser, im übrigen wichtigen Erscheinung einzulassen, lohnt es sich, auf einige Merkmale der Wirtschaft des realen Sozialismus hinzuweisen. Es ist eine Wirtschaft mit dominierendem Staatseigentum, das in der Mehrzahl der Staaten von 70 bis 90% der erzeugten Nationaleinkommens erstellte oder heute noch erstellt. Und wenn es sogar andere Formen gab (z.B. in Polen ein starker privatwirtschaftlicher und genossenschaftlicher Sektor), so waren sie nicht nur mit dem Staatssektor stark verbunden, sondern ihm auch untergeordnet. Es ist zweitens eine Wirtschaft, die sich in überwiegendem Maß auf Großunternehmen mit Monopolcharakter stützt. Diese wurden weniger mit Rücksicht auf die Konzeption der „economic of scale" gestaltet, als vielmehr unter dem Einfluß der administrativen Bedürfnisse einer zentral gesteuerten Verwaltung. Die Konzentrationsprozesse waren hauptsächlich verwaltungstechnisch bedingt, und nicht wirtschaftlich. Drittens ist es eine in großem Maß geschlossene Wirtschaft, die nach innen und nicht nach außen ausgerichtet ist, und das unabhängig von der Größe des Exports. Schließlich ist es eine Wirtschaft, die über keine ausgebildete Markt-Infrastruktur verfügte und auch heute nicht verfügt – angefangen vom Kommunikationssystem, dem Bank- und Kreditsystem, bis zum Informationsdienst. Alle diese Eigenschaften bildeten ein starkes Hemmnis für alle Reformen von marktwirtschaftlichem Charakter.

III.

Die oben skizzierten Thesen ermöglichen eine Beurteilung der Reformprozesse in der polnischen Wirtschaft während der Jahre 1981–1989, also bis zur Übernahme der Staatsgeschäfte durch die Regierung Tadeusz Manzowiecki. Diese Beurteilung ist wichtig, um die Frage beantworten zu können, ob die vergangene fast neunjährige Periode vom Standpunkt der Umwandlung des Wirtschaftssystems vergeblich war, oder ob es eine gewisse Kontinuität zwischen den gegenwärtigen und früheren Reformen gibt.

Die Analyse dieser Erscheinungen ist wichtig, da Ministerpräsident Mazowiecki festgestellt hat, seine Regierungsperiode wäre von allen bisherigen durch einen dicken Strich getrennt, was bedeuten soll, daß es überhaupt keine Verbindungen zur Vergangenheit gibt, zumindest keine solchen, die Systemcharakter hätten. Nun verträgt aber die Wirtschaft, anders als die Politik oder Ideologie, keinen allzu heftigen Wandel, falls sie nicht endgültig zerrüttet werden soll; Systemwandlungen brauchen Zeit. Sicherlich wäre es voreilig, eine vertiefte Analyse dieses Geschehens unternehmen zu wollen, da die nötige Distanz fehlt und das analytische Material noch nicht genügend verarbeitet werden konnte sowie die Emotionen, von denen kein Wissenschaftler frei ist, noch allzu sehr wirken.

Jene neun Jahre, in denen Polen reformierte oder nicht reformierte, lassen sich in folgenden sieben Punkten zusammenfassen.

1. Die in den Jahren 1980/81 programmierte Reform war, zumindest, wenn es sich um ihren Ansatz handelte, die tiefste und weitreichendste im Vergleich mit allen früheren Reformvorhaben, deren es im Nachkriegspolen einige gab. Man versuchte tiefgreifende Systemwandlungen durchzusetzen durch breite Eingliederung des Markts in das Wirtschaftsgeschehen, durch weitgehende Verselbständigung der Unternehmen, durch Einführung der Selbstverwaltung usw. Es waren jedoch keine tieferen Eigentumsänderungen vorgesehen. Der Staatssektor sollte seine Vorherrschaft beibehalten, während der Zentralplan, der zwar begrenzt wurde, weiterhin wichtige strategische Funktionen zu erfüllen hatte.

2. Die Einführung der Reform fand unter ökonomisch außergewöhnlich ungünstigen Bedingungen statt. Ebenso ungünstig waren auch die gesellschaftlichen Voraussetzungen. Die polnische Wirtschaft befand sich in den Jahren 1981–1982 in einer tiefen Krise, was zur verstärkten Reglementierung führte, die sich sowohl auf Produktionsfaktoren, wie auch auf zahlreiche Konsumgüter erstreckte. Die Verhängung des Kriegsrechts führte wiederum zur Einschränkung der ökonomischen Verbindungen mit dem Westen, teilsweise wegen der sinkenden Leistungsfähigkeit der Wirtschaft, zum Teil auch wegen der vom Westen eingeführten Restriktionsmaßnahmen. Die damals von der Regierung geplante Umorientierung der Bindungen im RGW mißlang. Gleichzei-

tig war es, infolge der Verhängung des Kriegsrechts und des Verbots der „Solidarność“ nicht gelungen, die Bevölkerung für die Unterstützung der Reform zu gewinnen. Die Gesellschaft verhielt sich zum Teil passiv, zum Teil war sie allen Reformansätzen der Regierung gegenüber feindselig eingestellt.

3. Kennzeichnend für die Jahre 1982–1985 war die Einführung eines bestimmten Pakets von formal-rechtlichen Maßnahmen, die auf eine Systemreform ausgerichtet waren. Es war aber zu wenig, um den Keimen eines neuen Wirtschaftssystems zum Wachsen im damaligen Wirtschaftsgeschehen zu verhelfen. Das Wirtschaftssystem, das sich durch sein starkes Beharrungsvermögen auszeichnet, war weitgehend gelähmt, und zwar durch die Struktur der Wirtschaft selbst, durch zahlreiche sachliche und politische Einschränkungen, durch die Unfähigkeit der leitenden Kader, sich an die neuen Bedingungen anzupassen, vor allem aber durch eine falsche Wirtschaftspolitik. Die gegenseitige Einwirkung des Systemwandels und der Wirtschaftspolitik ist einerseits eng miteinander verbunden, aber andererseits hochkompliziert. Ein Mangel an Synchronisierung und Harmonie zwischen beiden muß negative Folgen nach sich ziehen, die ihren Ausdruck im Blockieren der Systemreform finden. Und gerade mit solchen Erscheinungen hatte man es in der Anfangsperiode bei der Einführung der Reform zu tun. Die Mehrzahl der Entscheidungsträger verstand die gegenseitigen Relationen zwischen dem Systemwandel und der Wirtschaftspolitik nicht, sie sahen in der Reform nur ein gewisses Instrumentarium, dessen man sich in der Wirtschaftspolitik bedienen kann. Das fand seinen Ausdruck in einer expansiven Lohnpolitik, im übermäßigen Festhalten an zentral finanzierten Investitionen, im Weiterbestehen der Zuteilungswirtschaft und der Reglementierung von Rohstoffen und Material, mehr als das tatsächlich erforderlich war. Ohne näher auf die Analyse dieses Problems einzugehen, können wir nur beiläufig feststellen, daß die Wirtschaftspolitik nicht mit den formal-rechtlichen Systemänderungen übereinstimmte. Die Politik war noch mit allen Kennzeichen des alten Systems behaftet und in größerem Maß der Philosophie der unmittelbaren Lenkung verhaftet als der Philosophie der Marktwirtschaft.

4. Wenn man im Fall der polnischen Wirtschaftsreform der achtziger Jahre von einer Erbsünde sprechen kann, so war es der weitgehende Kompromiß, auf den die Staatsmacht eingestellt war. Dieser Kompromiß trat in vielen neuralgischen Bereichen in Erscheinung, um nur einige anzuführen: in der Preispolitik (Kompromiß zwischen dem Bestreben, die Preise bis zum Gleichgewichtszustand heraufzusetzen und dem gesellschaftlichen Druck, der eine Einschränkung der Preissteigerungen forderte); in der Lohnpolitik (Kopplung der Löhne an die Produktionsergebnisse und Druck der egalitären Tendenzen); in der Politik der Devisenkurse und des Zinsfußes (Notwendigkeit eines realen Geldwerts und Vermeiden weiterer, dadurch bewirkter Preissteigerungen). Diese Politik der Regierung und der Partei war vor allem eine Folge des Bestrebens, die Bevölkerung vor den Folgen der tiefen Kriese zu schützen und ihre Zustimmung zu

gewinnen. Die Furcht vor regierungs- und parteifeindichen Stimmungen war so stark, daß man sinnvolle Lösungen im Bereich des ökonomischen Systems dem Bestreben opferte, die Widersprüche zu mildern. In einer solchen Situation war der Bereich der administrativen Intervention in die wirtschaftliche Tätigkeit sehr ausgedehnt. Es kam damals auch zum Wiederaufleben der Tendenz der Neubildung zahlreicherer Mittelglieder, die es der Administration erleichtern sollten, die Wirtschaft mit verwaltungstechnischen Methoden zu steuern.

5. Die Vermischung des alten Systems der Wirtschaftssteuerung mit den Anfängen des Neuen erleichterte die Entpolitisierung der Wirtschaft keinesfalls, sie regte auch nicht dazu an. Das aber wäre eine Grundbedingung des Erfolgs der Reform gewesen, – oder hätte es sein können. Warum wurde die Wirtschaft nicht entpolitisiert, warum hat man sie nicht von Direktiven, Weisungen, parteibedingten Inspirationen, sowie den alten administrativ-politischen staatlichen Strukturen befreit? Die Antwort ist gleichzeitig leicht und schwer zu erteilen. Ganz allgemein kann man feststellen, daß unter den Bedingungen einer von oben in Gang gesetzten Reform, und gerade das war die Reform in Polen, eine tatsächliche Entpolitisierung der Wirtschaft die Selbstaufgabe des bedeutenden Teils der bisherigen politischen und administrativ-wirtschaftlichen Macht hätte bedeuten müssen. Also die Ausschaltung eines Teils, und zwar des sehr einflußreichen Teils, der leitenden Kader. Das weckte ihre innere Opposition gegen die Reform, eine Opposition die im Partei- und Staatsapparat verankert war. Mit der Zeit, und angesichts einer gewissen Verbesserung der Wirtschaftssituation in den Jahren 1983–1986 kam es zum Rückfall in das alte System. In den Jahren 1985–1986 begann man sich von der Reform zu entfernen, obgleich sie formell in Kraft blieb.

6. 1987 kommt es im Grunde genommen zum Patt. In derselben Zeit finden aber wichtige, mit der „Perestrojka“ verbundene Veränderungen in der Sowjetunion unter Gorbatschows Führung statt. Die in der polnischen Regierung und Partei vertretenen konservativen Tendenzen verlieren ihre Unterstützung außerhalb des Landes. Daher kommt es 1988 zum reichlich dramatischen Versuch, die verlorene Zeit aufzuholen – als II. Etappe der Reform bezeichnet. Ihrem Wesen nach bringt sie aber nichts anderes mit sich, als starke Preiserhöhungen und ein Programm institutioneller Umwandlungen, die aber nicht ins Leben eingeführt werden. Die damalige Regierungsmannschaft des Ministerpräsidenten Messner ist nicht stark genug und verfügt über keine entsprechende gesellschaftliche Unterstützung, um die notwendigen Veränderungen durchzusetzen. Die Zeit und die spärlichen Überreste gesellschaftlichen Vertrauens sind vergeudet worden, insbesondere, da die postulierten wirtschaftlichen Veränderungen von keinerlei wesentlichen politischen begleitet werden. Es geht vor allem um die Legalisierung der „Solidarność“. Das führt schließlich zum Rücktritt der Regierung.

7. Die neue Rakowski-Regierung versuchte die verlorene Zeit aufzuholen,

was im Ergebnis zu einem Paket radikaler Reformen führte, zum „Runden Tisch“ und schließlich, als weitere Folge, zur Legalisierung der „Solidarność“. Die kurze Reformperiode der Rakowski-Regierung war äußerst wiederspruchsvoll. Gewisse Schritte wiesen unmißverständlich in Richtung der Marktwirtschaft und erleichterten einen solchen Übergang; gleichzeitig wurden viele Fehler begangen, unter denen jene an erster Stelle, die die Inflation in höchstem Maß angetrieben haben. Das war die Heraufsetzung der Ankaufspreise für landwirtschaftliche Artikel im Herbst 1988, die Einführung von Devisenauktionen und der freie Devisenverkehr für die Bevölkerung im März 1989, die Lohnindexierung, die infolge der Vereinbarungen am „Runden Tisch“ eingeführt wurde, sowie die Einführung der freien Marktwirtschaft für Lebensmittel am 1.8.1989, was einen äußerst heftigen Preisauftrieb und, als weitere Folgeerscheinung, Preiserhöhungen in anderen Bereichen zur Folge hatte.

Die Schlußfolgerungen aus den obigen Bemerkungen lassen sich folgendermaßen formulieren: es ist zwar in den Jahren 1981–1989 nicht gelungen, die polnische Wirtschaft zu reformieren, immerhin wurden bestimmte, vielleicht sogar wesentliche Schritte unternommen, die den Übergang zur Marktwirtschaft vorbereiteten. In einem gewissen Maß wurde das Beharrungsvermögen des alten Systems gestört; auch die Bevölkerung begann sich mit den Marktregeln vertraut zu mache, allerdings in größerem Maß mit den negativen als mit den positiven Merkmalen des Markts. Offen dagegen bleibt die Frage, die wir niemals mehr beantworten werden, ob man im Rahmen des alten politischen Systems die Wirtschaft hätte so weit reformieren können, daß man es zur Marktwirtschaft gebracht hätte. Ich persönlich meine, auf Grund der polnischen, aber auch anderer Erfahrungen, daß das praktisch nicht möglich gewesen wäre, obwohl man es sich theoretisch vorstellen könnte.

IV.

Der Übergang von einer zentralisierten und administrativ gelenkten Wirtschaft ist, theoretisch betrachtet, auf zwei Wegen möglich. Für einen solchen Übergang stehen, wie mir scheint, zwei Modelle zur Verfügung, was aber keineswegs bedeutet, daß man in der Praxis zwischen ihnen frei wählen kann. Die Vergangenheit bestimmt in großem Maß, ob der Übergang auf Grund des Modells verwirklicht werden kann, das wir als „Liberale Marktöffnung“ bezeichnen wollen, oder aber mit Hilfe eines Modells, das sich als „Durchbrechen der markthemmenden Barrieren mit Hilfe des Staats“ definieren läßt.

Ohne an dieser Stelle auf eine breitere Analyse beider Modelle einzugehen, kann man immerhin auf gewisse wesentliche Unterschiede zwischen ihnen hinweisen. Modell I (liberale Marktöffnung) zeichnet sich vor allem dadurch aus, daß die Preise von der administrativen Überwachung befreit werden, was zur Inflation führen muß (hohe oder mittelgroße Inflation, das hängt schon von den spezifischen Bedingungen jeder konkreten Wirtschaft ab). Es muß deswegen so kommen, weil die sozialistische Wirtschaft eine Mangelwirtschaft ist und weil es früher oder später (eher früher) zu einem starken Druck auf die Löhne kommen muß, der noch von politischen Voraussetzungen verstärkt wird. Die Inflation hat also eine Grundlage, um in Gang zu kommen, so wie das sich in Polen abgespielt hat.

In diesem Kontext sollten die Mängel des Modells I unterstrichen werden. Die Einführung freier oder fast freier Preise unter Bedingungen, in denen die Wirtschaft keinen Strukturwandel durchgemacht hat, also auch keine Eigentums-, Institutions- und sachliche Veränderungen stattgefunden haben, kann keine positiven Effekte nach sich ziehen, zumindest nicht in einer kurzen Zeitspanne. Soll der Übergang von der zentralisierten zur Marktwirtschaft sich nicht auf Inflation, Produktionsrückgang, Arbeitslosigkeit zsw. beschränken, so ist eine bestimmte Vorbereitungsperiode notwendig. Während dieser Periode muß ein Minimum von materiellen Bedingungen und ein rechtlich-institutioneller Rahmen geschaffen werden, ohne den die Einführung der Marktwirtschaft nicht möglich ist. Das Modell I erfüllt diese Bedingungen nicht, zumindest nicht in einem ausreichendem Maß. Dagegen kann das Modell II (Beseitigung der markthemmenden Barrieren mit Hilfe des Staats) Möglichkeiten schaffen, die einen milderen Übergang zur Marktwirtschaft gewährleisten. Das Wesen des Problems läßt sich darauf zurückführen, daß die Vorbereitungsperiode vor der Freisetzung der Preise aus ihrer administrativen Abhängigkeit länger ist (sogar viel länger). Das erlaubt, die nötige Infrastruktur für das Funktionieren des Markts so weit wie möglich herauszubilden und gewisse Eigentumsumwandlungen durchzuführen. Es muß hier nämlich daran erinnert werden, daß die zentralisierte Wirtschaft über keine ausreichende Infrastruktur verfügt, wobei jene, die vorhanden ist, die notwendigen Funktionen nicht erfüllt. In Polen läßt sich das ganz eindeutig am Bank- und Kreditsystem, am Nachrichtenwesen, am Informationssystem, am Fehlen solcher Institutionen, wie Börsen oder entsprechend vorbereitete juristische Beratungsfirmen, feststellen. Obwohl das Herausbilden einer solchen Marktinfrastruktur im Modell II zu den erstrangigen Aufgaben gehört, ist es nicht die einzige Aufgabe. Nicht weniger wichtig ist eine weitgehende Entscheidungsdezentralisation, nicht nur im Unternehmensbereich, sondern auch der gesamten Gemeinde- und Stadtverwaltung, einschließlich der Bildung von Kommunaleigentum durch Umgestaltung eines Teils des staatlichen Sektors. Schließlich geht es um einleitende Schritte, die auf die Umgestaltung dieses riesigen Staatssektors ausgerichtet waren, durch Teilprivatisierung und durch Entmonopolisierung der administrativ aufgebauten Großunternehmen. Die Frage der Öffnung der Wirtschaft nach außen ist schon eine kompliziertere Aufgabe, und in dieser Hinsicht gibt es keine allgemeinen Rezepte, ihre Lösung hängt nämlich von den konkreten Bedingungen der einzelnen Staaten ab.

Erst wenn dieser Prozeß des Durchbrechens der markthemmenden Barrieren einigermaßen fortgeschritten wäre, könnte man zur Freisetzung der Preise übergehen; das kann übrigens in einer bestimmten Reihenfolge vorgenommen werden, je nach dem Charakter der Teilmärkte. Das Ergebnis einer solchen Strategie wäre sicherlich eine niedrigere (bzw. niedrige) Inflationsrate, sowie das Nichtzulassen einer übermäßigen Desorganisation der Wirtschaft. Der Mangel dieses Modells besteht natürlich darin, daß der Übergang zur Marktwirtschaft nicht nur eine längere Zeit in Anspruch nimmt, aber daß er auch weniger effektvoll ist – er kann nicht mit spektakulären Erfolgen aufwarten. Einem außenstehenden Beobachter kann scheinen, daß die Umgestaltung der zentralisierten Wirtschaft in eine Marktwirtschaft ohne genügende Schwungkraft vor sich geht.

V.

In Polen hat man das Modell I gewählt; wahrscheinlich wird sich die Mehrzahl der Staaten Ost- und Südosteuropas für diesen Weg entscheiden. Warum hat man diese Wahl getroffen? Die Antwort, die man heute auf diese Frage erteilen kann, kann nur vorläufig gegeben werden, nichtsdestoweniger zeichnen sich drei Gründe deutlich ab.

1. Modell I schafft die Voraussetzungen für eine rasche Überwindung der Vergangenheit. Das findet seinen Ausdruck (oder sollte seinen Ausdruck finden) darin, daß die alten Institutionen durch neue ersetzt werden, daß man vom alten Präferenzen-System abgeht, vor allem durch Abschaffung jeglicher Subventionen, Zuschüsse und Steuererleichterungen. Die Instrumente dieses Modells schaffen für die Unternehmen, Genossenschaften und andere wirtschaftsorganisationen von einem Tag zum anderen eine völlig neue Situation; sie zwingen sie dazu, sich den neuen Spielregeln unverzüglich anzupassen. Ob es sich aber dabei um Regeln eines normalen Markts handelt – das ist schon eine andere Frage, auf die es schwerfällt, eine positive Antwort zu erteilen. Die wichtigste Konsequenz dieses Modells ist aber die Möglichkeit, die Wirtschaft rasch zu entpolitisieren.

2. Die Reformvorhaben der polnischen Wirtschaft stützen sich traditionsmäßig auf eine mit dem Modell I verbundene Philosophie. Davon zeugen die theoretischen Diskussionen der fünfziger und sechziger Jahre, als man versuchte, ein System zu schaffen, in dem Plan und Markt verknüpft waren; vor allem spricht aber die Kontinuität der Reformbestrebungen in den achtziger Jahren dafür. Bei allen weitgehenden Unterschieden, die in dieser Periode in Erscheinung traten, kann man eine gewisse gemeinsame Linie auffinden, die von der Preisreform 1982 (Reform des Ministers Z. Krasicki), über die Preispolitik Ende 1987 und 1988 (Politik des Vize-Premierministers Z. Sadowski) bis zum Programm des Vize-Premierministers L. Balcerowicz führt. Ich behaupte nicht, daß

diese Programme konvergent waren, trotzdem stützten sich die Ansätze des theoretischen Konzepts auf dieselben Voraussetzungen, daß nämlich die Rekonstruktion des Wirtschaftssystems auf dem Weg der Wiederherstellung des wirtschaftlichen Gleichgewichts erfolgen muß, wobei der erste und wichtigste Schritt in der Heraufsetzung der Preise und in der Änderung der zwischen ihnen existierenden Relationen bestehen muß. Ihre Grundlage bildete also die eine oder andere Variante der neo-liberalen Theorie. Die Gründe für die Wirkungslosigkeit der ersten zwei Preis- und Einkommensoperationen habe ich oben dargestellt. An dieser Stelle handelt es sich nur darum, die Aufmerksamkeit auf eine bestimmte Kontinuität im theoretischen Denken zu lenken, die in allen Reformkonzepten ihren Ausdruck fand.

3. Schließlich sind es die Folgen der enormen Verschuldung und der Notwendigkeit, mit dem Internationalen Währungsfonds zur Verständigung zu kommen, dessen Philosophie der Sanierung jeder Wirtschaft sich auf die neoliberale Theorie stützt. Die Notwendigkeit, sich den Zufluß von Auslandskapital nach Polen zu sichern und eine Umschuldung zu erreichen, erforderte die Ausarbeitung eines solchen Anpassungsprogramms, das der Internationale Währungsfonds akzeptieren würde. Ein solches Programm könnte nur jenes sein, das sich auf die Prinzipien des Modells I stützte, d.h. Freisetzung der Preise von den Eingriffen der Wirtschaftsadministration, Herstellung des Haushaltsgleichgewichts, Abschaffung oder zumindest weitgehende Kürzung der Subventionen usw.

VI.

Das Reformprogramm der Regierung von T. Mazowiecki, das allgemein als Balcerowicz-Programm bezeichnet wird, konzentriert sich, obwohl es auch langfristig angelegt ist, auf eine kurze Periode. Sein Hauptziel ist die Bekämpfung der sehr hohen Inflation, die man im Jahre 1989 für Konsumgüter und der Dienstleistungen für die Bevölkerung auf 740% schätzt, bei 980% für Nahruntsmittel und, wenn es um den Nahrungsmittelverkauf im staatlichen und genossenschaftlichen Handel geht, sogar auf 1110%.

Die wichtigsten Elemente des Stabilisationsprogramms lassen sich in folgenden fünf Punkten zusammenfassen:

1. Herstellung des Gleichgewichts des Staatshaushalts im Jahr 1990, schlimmstenfalls Reduzierung des Defizits auf ein Minimum. Das soll durch Reduktion der Subventionen, durch Herabsetzung (auf ein Minimum) der zentral finanzierten Investitionen, durch Abschaffen jeglicher Art von Steuererleichterungen usw. erreicht werden.

2. Monetäre und Kreditpolitik. Einschränkung der Geldemission und der Finanzliquidität in der Wirtschaft; hoher Zinsfuß, der jedoch an die sich än-

dernde Inflationsrate angepaßt werden soll (wird monatlich festgesetzt), allerdings höher als die Inflationsrate bleiben wird.

3. Einführen der inneren Konvertibiltät des Złoty durch einen einheitlichen Devisenkurs. Dieser Kurs soll während dreimonatlicher Periode unverändert bleiben. Außenhandelsunternehmen sind verpflichtet, alle ihre aus dem Export stammenden Devisen nach dem geltenden Kurs an den Staat zu verkaufen, gleichzeitig sind sie berechtigt, Devisen für Importgeschäfte anzukaufen. Ein einheitliches Zolltarifsystem ist eingeführt worden, gleichzeitig wurden alle administrativen Steuerinstrumente im Außenhandel abgeschafft, darunter auch die zahlreichen Steuerermäßigungen für Exportgeschäfte.

4. Liberalisierung der Waren- und Dienstleistungspreise; bei einer gewissen Einschränkung der Höhe der Mieten, der kommunalen Dienstleistungen, der Transporttarife, sowie auch der Energie- und Brennstoffpreise. Die Preise dieser Güter und Dienstleistungen sollen nicht unverändert bleiben, sollen aber in einem geringeren Maß, als das dem Gleichgewicht auf den Teilmärkten entsprechen würde, wachsen.

5. Einkommenspolitik. Die Nominallöhne sollen viel langsamer zunehmen als die Inflationsrate. Sehr hohe Besteuerung von Lohnerhöhungen (200% bei einer Lohnsteigerung bis 2%, 300–500% beim Überschreiten von 2% Lohnzuwachs). Besteuerung der Bevölkerung, die bisher nur in einem geringen Teil davon erfaßt war.

Dieses Programm hat, zumindest in dem von mir oben dargestellten Teil, die Bekämpfung der Inflation zum Hauptziel. Aber es zeichnet sich auch durch ein allgemeineres Merkmal aus, da es sich zum Erreichen dieses Ziels ausschließlich marktwirtschaftlicher Instrumente bedient. Das ist kein allgemeiner, sondern ein konkreter Vorwurf. Es scheint nämlich, daß der Übergang zur Marktwirtschaft ohne weitreichende Staatsintervention ein schwieriges, wenn nicht geradezu unmögliches Vorhaben ist. Ob aber dieser Vorwurf berechtigt ist – darauf wird erst die Zukunft die Antwort erteilen können.

Welche Gefahren beinhaltet das oben dargestellte Stabilisationsprogramm, das gleichzeitig einen schockartigen Übergang zur Marktwirtschaft bedeutet, obwohl dieser Übergang auch in dieser Form noch nicht abgeschlossen ist?

Ich setzte voraus, daß das Hauptziel, also die Bekämpfung der Inflation, erfolgreich erreicht wird, obwohl die vorläufigen Informationen über die Inflationsrate im Januar 1990 von einer doppelt so hohen Rate sprachen, als die Regierung voraussah. Aber das ist noch kein Beweis dafür, daß die durchgesetzten Maßnahmen in den kommenden Monaten nicht zu den erwarteten Ergebnissen führen werden.

Es gibt aber, meines Erachtens, drei bedeutende Gefahrenzonen, die nicht nur kurz- aber auch langfristige Folgen nach sich ziehen können.

1. Starkes Sinken des Lebensstandards

Eine Diskussion über das Ausmaß dieser Erscheinung ist, wie mir scheint verfrüht, aber eins ist sicher, daß nämlich der Lebensstandard stärker sinken wird, als von der Regierung vorausgesehen wird. Man kann annehmen, daß es in diesem Jahr etwa 30% sein werden. Das wird eine Folge verschiedener Prozesse sein: hohe Preise, sinkende Reallöhne, Arbeitslosigkeit (niemand kann heute zuverlässig voraussehen, wie groß diese sein wird), rapider Abbau der Fürsorgefunktionen des Staats, rasche und weitreichende Kommerzialisierung zahlreicher bisher kostenloser oder äußerst kostengünstiger Bereiche (Wohnungen, städtische Dienste, öffentlicher Verkehr, Gesundheitsdienst, Belegschaftskantinen, Ferienheime usw.). Es läßt sich nur schwer voraussehen, in welchem Maß die Bevölkerung bereit sein wird, eine solche drastische Verschlechterung ihres Lebensniveaus zu akzeptieren. Die Regierung erfreut sich zwar einer starken politischen Unterstützung, aber die Frage bleibt offen, ob eine solche, ziemlich langwährende Verschlechterung der materiellen Lage, diese Unterstützung nicht verringern wird.

2. Unkontrollierter Produktionsrückgang und Exportschrumpfung

Das Regierungsprogramm geht von der Voraussetzung aus, daß der Übergang zur Marktwirtschaft von einem gewissen Produktionsrückgang begleitet sein wird. Er wurde vorläufig auf nicht mehr als 5% geschätzt. Heute spricht aber alles dafür, daß er viel größer sein wird. Man schätzt ihn auf 20 bis 30%, wobei die Pessimisten voraussehen, daß er noch größer sein kann. Die hohe Inflation und das Festhalten am Dollarkurs des Złoty – zumindest in den ersten drei Monaten – bewirkt, daß der Export unrentabel wird und der Import zu teuer (sehr hohe Importzölle). Die sich auf dieser Grundlage abzeichnende Gefahr kann folgendermaßen formuliert werden: nach Herabsetzen der Inflationsrate auf ein relativ niedriges Niveau kann es zu einer langfristigen Rezession kommen, ja sogar, wie manche Experten meinen, zu einer Krise. Es gibt bisher keinerlei rationale Voraussetzungen für die Annahme, die eingedämmte Inflation werde sofort von einem raschen Anstieg der Produktion und der Dienstleistungen begleitet werden.

3. Tiefe Desintegrations- und Destabilisierungsprozesse in der Wirtschaft

Der Übergang zur Marktwirtschaft wird von dem Ende der bisherigen Kooperationsbindungen begleitet, sowohl auf dem Innenmarkt, wie auch im Außenhandel, was sich besonders auf die RGW-Länder bezieht. Im vollen

Bewußtsein dessen, daß es sich dabei um eine unvermeidliche Erscheinung handelt, darf man aber auch nicht vergessen, daß sie den bisherigen Wirtschaftsrhythmus in bedeutender Weise störte. Viele Maßnahmen, von denen im Stabilisierungsprogramm die Rede war, werden den Bankrott von Unternehmen nach sich ziehen (müssen ihn nach sich ziehen), in einem Ausmaß, dessen Größe sich heute nur schwer, wenn überhaupt, bestimmen läßt. Die Eigentumsänderungen, die stattfinden werden, können auch nicht dazu beitragen, mindestens in der Anfangsphase, entsprechende Beziehungen in der Wirtschaft herzustellen. Sie werden also die Entstabilisierungsprozesse verstärken. Unter diesen Bedingungen kann man kaum erwarten, daß es zu einem größeren Zustrom von Auslandskapital kommen wird, aber auch das Inlandkapital, besonders im Kleingewerbe und im Handwerk, wird mit Rücksicht auf die hohen Kosten (hohe Mieten, hohe Energiepreise, Steuern usw.) eher geneigt sein, das Ende der schlimmsten Zeiten abzuwarten.

Die oben skizzierten Probleme haben teilweise kurz- und teilweise mittelfristigen Charakter. Sie beziehen sich auf die Phase des Übergangs zur Marktwirtschaft, die man als Anfangsphase bezeichnen kann, obwohl sie von größter Bedeutung ist. Wenn wir aber die Probleme einer voll ausgebildeten Marktwirtschaft erwägen, können wir die Notwendigkeit nicht übersehen, in drei anderen Bereichen Problemlösungen zu finden, ohne die eine solche Wirtschaft praktisch nicht existieren kann.

Die erste, und meines Erachtens schwierigste Frage, betrifft die *Ausbildung einer Marktinfrastruktur*. Das Problem ist bekannt und benötigt keine breitere Analyse. Es lohnt sich aber, auf drei Teilprobleme hinzuweisen:

1. Die zentralisierte Wirtschaft hinterläßt der Marktwirtschaft so gut wie keine Infrastruktur: das Bank- und Kreditsystem, die Steuern hatten in der Vergangenheit ganz andere Funktionen zu erfüllen und sie lassen sich nicht von einem Tag zum anderen auf ganz andere Ziele umstellen; das Informations- und Nachrichtensystem sind wenig funktionstüchtig und, was noch wichtiger ist, schwach ausgebaut; schließlich fehlen viele Institutionen, die für die Marktwirtschaft unentbehrlich sind, wie z.B. Börsen.

2. Die Herstellung einer modernen Marktwirtschaft ist eine kostspielige Operation, die, was noch wichtiger ist, Zeit braucht. Wenn es sogar dazu kommt, daß sich die Unternehmer auf die Spielregeln des Markts umstellen, werden sie in dieser schwachen Infrastruktur keine genügende Unterstützung finden.

3. Die bisher in der Marktinfrastruktur Beschäftigten sind nicht in genügendem Maß mit den Marktregeln vertraut und müssen gründlich umgeschult und teilweise, ja vielleicht sogar zum großen Teil, ausgetauscht werden.

Das zweite Problem bezieht sich auf die *Umgestaltung des Eigentums und auf die Entmonopolisierung der Wirtschaft.* Der Übergang zur Marktwirtschaft erfordert eine tiefe Umgestaltung des staatlichen Sektors. Hier sind zwei Hauptmaßnahmen durchzuführen: die erste läuft auf seine weitgehende Einschränkung hinaus, auf dem Weg einer Teil-Privatisierung. In dieser Hinsicht gibt es sowohl unter den wirtschaftlichen Entscheidungsträgern, den Sachverständigen, als auch der Bevölkerung keine größeren Meinungsunterschiede. Die Auseinandersetzungen beginnen erst dann, wenn es sich um die Praxis handelt: auf welchem Weg das durchgeführt werden soll. Es wäre hier nicht die geeignete Stelle, um die Gesamtheit dieser Diskussion wiederzugeben; es scheint aber, daß man eine Vielfalt von Wegen nutzen muß, um den Staatssektor zu privatisieren. In groben Umrissen lassen sich sechs Methoden der Privatisierung unterscheiden:

1. Verkauf von Aktien, über die der Fiskus verfügt, nach vorheriger Umgestaltung des staatlichen Unternehmens in eine Aktiengesellschaft;
2. Verkauf der sachlichen Bestandteile des staatlichen Eigentums oder der staatlichen Unternehmen;
3. Verkauf von ganzen Unternehmen oder ihren ausgegliederten Teilen;
4. Pacht oder Leasing eines Teils oder des gesamten Unternehmens;
5. Umgestaltung der Unternehmen in Eigentum der Beschäftigten (Aktionariat);
6. Teilnahme von Auslandskapital an der Privatisierung des staatlichen Sektors.

Da die Privatisierung des staatlichen Sektors aus technischen und kapitalspezifischen Gründen nicht sehr schnell durchgeführt werden kann (man nimmt an, daß die Jahresrate einige, und wie manche Optimisten glauben, sogar mehr als 10% betragen kann), taucht ein neues Problem auf: wie soll man die staatlichen Großunternehmen entmonopolisieren. Die Privatisierung allein löst das Problem noch nicht. Es erfordert also zusätzliche Maßnahmen.

Die Privatisierung und Entmonopolisierung des Staatssektors ist aber nicht nur ein ökonomisches, organisatorisches und technisches, sondern auch ein soziales Problem. Auch in dieser Hinsicht können ernstzunehmende Barrieren entstehen, die mit egalitären und populistischen Stimmungen verbunden waren, Ausdruck des Mißtrauens der Gesellschaft gegenüber der Plünderung des gemeinsamen Eigentums durch kleine Gruppen, die einen erleichterten Zutritt zu ihm haben, gegenüber dem Ausverkauf des Nationalbesitzes an das Auslandskapital usw., usf. Das ist ein Problem, zu dem heute kaum jemand etwas Sinnvolles sagen kann. Ob es in diesen Fragen zu sozialen Spannungen kommen wird, wird auch davon abhängen, wie weit sich das Lebensniveau der wichtigsten sozialen Gruppen verschlechtern und welche Ausmaße die wirtschaftlichen Schwierigkeiten annehmen werden. Obwohl sich also das Endziel ziemlich klar abzeichnet, bleibt die Frage der Wege seiner Realisierung offen.

Die dritte Frage betrifft die *Bindungen an die Weltwirtschaft.* Jede Wirtschaft des realen Sozialismus war, unabhängig von den bestehenden Unterschieden, im Grunde genommen eine geschlossene Wirtschaft. In einem sehr hohen Maß bezieht sich diese Feststellung auf Polen. Und damit tauchen sofort zwei Probleme auf: das erste bezieht sich darauf, wie man die Wirtschaft mit Richtung auf den Weltmarkt öffnen soll, unter den Bedingungen tiefer Mangelerscheinungen, schwacher Konkurrenzfähigkeit usw. Wieviel Freiheit, wieviel Protektionismus? Diese Frage ist in größerem Maß eine praktische als eine theoretische Frage. Das zweite Problem bezieht sich auf die Verbindungen mit dem RGW. Das ist schon ein Thema für sich. Ich möchte an dieser Stelle nur auf zwei stark divergierende Auffassungen hinweisen: nach Ansicht der einen, muß sich der RGW zwar grundsätzlich ändern (volle Entideologisierung der wirtschaftlichen Beziehungen), aber es besteht weiterhin das Bedürfnis, zumindest einen Teil der bisherigen Verbindungen aufrechtzuerhalten; die zweite Auffassung vertritt den Standpunkt, man müsse mit der Vergangenheit vollkommen reinen Tisch machen und sich auf den Westen umorientieren. Auch diese Frage ist offen und wird sicherlich, meiner Meinung nach, noch längere Zeit offen bleiben. Sie hängt nämlich in großem Maß davon ab, was in der Sowjetunion und in den übrigen Ländern vor sich gehen wird. Das Problem ist kompliziert und sollte emotionsfrei gelöst werden, leider begünstigen die heutigen Zeiten ein solches Herangehen nicht. Persönlich wäre ich zurückhaltend, wenn es sich um das Urteil handelt, der RGW sei schon tot; seine alte Gestalt eignet sich sicherlich nicht für Wiederbelebungsversuche. Ob es aber nicht zum Herausbilden einer reformierten Organisation, sei es auch nur für eine Übergangszeit, kommen wird, kann niemand behaupten.

VII.

Es bleibt uns noch, die letzte Frage zu beantworten: was wird sich in Polen auf den Trümmern des bisherigen Wirtschaftssystems herausbilden? Die Antwort scheint einfach: eine Marktwirtschaft, vielleicht mit dem Zusatz – eine soziale Marktwirtschaft. Wenn man von einer langfristigen Perspektive ausgeht, ist das sicher möglich, ich bin aber keineswegs überzeugt, ob es sich in einer kurzen, ja sogar in einer mittellangen Zeitspanne verwirklichen läßt. Allzu oft vergißt man, daß die Wirtschaft nicht beliebig manipulierbar ist. Sie läßt sich nicht leicht ändern, sowohl aus wirtschaftlichen, technischen, psychologischen, wie auch aus sozialen Gründen. Ich denke also, daß uns eine eher lange Periode einer Mischwirtschaft erwartet – vielleicht wird sie sich auf Generationen erstrecken. Das wird nicht nur davon abhängen, was in der Innenwirtschaft vor sich gehen wird, aber in großem Maße auch davon, welchen Einfluß die äußeren Faktoren ausüben werden, und zwar sowohl jene, die aus dem hochentwickelten Westen stammen, wie auch die aus der nächsten Umgebung.

Gernot Gutmann

ENDE DER PLANWIRTSCHAFT IN DER DDR?

I.

1. Versucht man, eine Antwort auf die mit dem Thema gestellte Frage zu finden, dann sieht man sich unweigerlich mit der Tatsache konfrontiert, daß die Vokabel „Planwirtschaft" nichts weiter ist als eine Worthülse, die sich mit fast beliebigem Inhalt füllen läßt. Das hat dann auch sofort zur Konsequenz – und hunderte von Debatten beweisen es –, daß die Teilnehmer an einer Diskussion um das Thema „Planwirtschaft" trefflich und zielstrebig aneinander vorbeireden und sich – sei es offen oder im Stillen – gegenseitig der Ignoranz und Halsstarrigkeit bezichtigen. Es ist daher unerläßlich darzulegen, was nach meinem Verständnis „Planwirtschaft" *nicht* ist oder anders herum, welchen Bedeutungsgehalt dieses Wort für mich hat. Sonst würde ich mit ziemlicher Sicherheit mißverstanden.

2. „Zu allen Zeiten und überall", so formulierte Walter Eucken schon vor einem halben Jahrhundert,[1] „vollzieht sich das menschliche Wirtschaften in Aufstellung und Durchführung von Wirtschaftsplänen. Auf Plänen beruht . . . alles wirtschaftliche Handeln. Genauigkeit und zeitliche Reichweite der Pläne sind bei den verschiedenen Menschen sehr verschieden . . . Ohne Pläne aber wirtschaften Menschen niemals." Alles wirtschaftliche Geschehen geht demnach aus Plänen hervor, und von daher gesehen war und ist die Wirtschaft der DDR ebenso wie die der Bundesrepublik Deutschland eine „geplante" Wirtschaft – oder wenn man will: eine *Planwirtschaft.* Das wird auch in Zukunft nicht anders sein, weder im östlichen noch im westlichen Teil unseres Landes. Aus diesem Blickwinkel und mit diesem allgemeinen Bedeutungsgehalt für das Wort „Planwirtschaft" ließe sich die Antwort auf die im Thema gestellte Frage ganz einfach so formulieren: Nein, ein Ende der Planwirtschaft in der DDR wird es nicht geben.

3. Nun wird aber der in Rede stehende Terminus meist in mehr spezifischer Weise benutzt, wobei leider festzustellen ist, daß dabei eine Reihe von wesentlichen Fragen, die für eine sinnvolle Auseinandersetzung um das Für und Wider

---

[1] Walter Eucken: Die Grundlagen der Nationalökonomie, 7. Aufl., Berlin, Göttingen, Heidelberg 1959, S. 78.

von Planwirtschaften von größter Wichtigkeit sind, von den Diskutanten nicht explizit beantwortet oder auch gar nicht beachtet werden und daher im Dunkeln bleiben, nämlich die folgenden:

– Wer trifft die in Rede stehenden Planentscheidungen? Wer ist also Träger und Subjekt der Planung?
– Was ist der Gegenstand der Planung?
– Welche und wessen Ziele sollen durch Planung erreicht werden?
– Über welche für ihre Dispositionen relevanten Informationen verfügen die Planträger?
– Wie werden die verschiedenen Pläne oder Planteile koordiniert?
– Wer ist Adressat der Planung? Wer soll also die getroffenen Entscheidungen durchführen?
– Sind die Planentscheidungen für die Adressaten verbindlich oder nicht?
– Vermittels welcher Instrumente wird der Plan implementiert?
– Wer kontrolliert mit welchen Mitteln, ob die Planziele erreicht wurden?

Geht man von solchen Überlegungen aus, dann lassen sich eine ganze Reihe ökonomisch relevanter Aktivitäten verschiedenster Institutionen voneinander unterscheiden, die man als wirtschaftliche Planung bezeichnen kann. Je nachdem, welche dieser Aktivitäten man im Blick hat, wird die Antwort auf die Frage, ob in der DDR ein Ende der Planwirtschaft zu erwarten ist oder nicht, anders ausfallen müssen – jedenfalls dann, wenn man dem Wort „Planwirtschaft" jeweils den spezifischen Bedeutungsgehalt beimißt, der sich von der gerade betrachteten planenden Aktivität herleiten läßt.

II.

1. Zunächst soll hier auf die Tatsache verwiesen werden, daß in jeder arbeitsteiligen Volkswirtschaft durch irgendwelche Personen oder Institutionen über die betrieblichen Produktionsprogramme für eine kommende Periode entschieden werden muß. Dabei handelt es sich um Dispositionen, welche die Palette der zu erzeugenden Sachgüter oder Dienstleistungen betrifft – also die Art der Produkte, die Sortimentsbreite, die Sortimentstiefe und die Qualität –, wie auch die Beschaffung der erforderlichen menschlichen und sachlichen Produktionsfaktoren, die anzuwendende Technik, die Investitionen in Anlagen oder evtl. Desinvestitionen, die Lagerhaltung, den Absatz, die kurz- und langfristige Finanzierung des Betriebsablaufs sowie alle übrigen Bereiche im Prozeß der betrieblichen Leistungserstellung. Da jedoch ein Betrieb nur eine Zelle im arbeitsteiligen Ganzen der Wirtschaft ist, ergeben solche Dispositionen letztlich nur dann einen Sinn, wenn sie mit den entsprechenden Planentscheidungen koordiniert werden, die in anderen oder für andere Betriebe und Wirt-

schaftseinheiten getroffen werden. Nur dann lassen sich Disproportionen im arbeitsteiligen Prozeßverlauf vermeiden und läßt sich der Ressourceneinsatz so lenken, daß mit den knappen Beständen an Produktionsfaktoren ein Höchstmaß an Verwirklichung der Ziele jener Personen oder Einrichtungen erreicht wird, die in der betrachteten Volkswirtschaft letztlich die entscheidenden *Subjekte* des Wirtschaftens sind.

Legt man die beliebte begriffliche Unterscheidung zwischen *indikativen* und *imperativen* Plänen staatlicher Institutionen zugrunde, dann handelte es sich bisher bei der Planung, Bilanzierung und Koordination der Betriebsprozesse und bei der Ableitung von verbindlichen Aufgaben für die Betriebe aus diesen Plänen in der DDR – wie auch in anderen RGW-Staaten – um den Fall einer grundsätzlich imperativen Planung durch dazu geschaffene hierarchisch gegliederte Instanzen. Das ist das, was ich unter „Planwirtschaft" verstehe, und ich bin der Überzeugung, daß es künftighin in der DDR *keine* solche Planwirtschaft mehr geben wird und das aus zwei verschiedenen Gründen.

2. Der *erste* hängt mit dem Umstand zusammen, daß es infolge des für alle Gesellschaften erfahrbaren Umstands der Knappheit an Produktionsfaktoren und Produkten einen nicht lösbaren Zusammenhang gibt zwischen der Lebensgestaltung des einzelnen Menschen und seiner Autonomie bei der wirtschaftlichen Planung. Individuelle oder familiäre Ziele der Lebenserhaltung und der Lebensgestaltung sind nämlich weithin nur dann realisierbar, wenn im Bereich des Wirtschaftens jene Arten und Mengen von Gütern bereitgestellt werden, deren Verwendung Voraussetzung für solche Zielverwirklichung ist. Dieser Güterbereitstellung geht aber die *Planung* des ökonomischen Geschehens voraus. Es besteht daher eine Beziehung zwischen wirtschaftlicher Planung und Lebensgestaltung, denn Planentscheidungen über den Einsatz knapper Güter – seien es Produktionselemente oder seien es fertige Verbrauchsgüter – enthalten stets zugleich auch Entscheidungen über die Verwirklichung oder Nichtverwirklichung menschlicher Zielsetzungen. Wird aber der betriebliche und zwischenbetriebliche Prozeß des Wirtschaftens im Rahmen einer hierarchisch gegliederten Bürokratie oberhalb der Betriebe gemäß deren Zielsetzungen geplant und bilanziert, wie das in der DDR bislang der Fall gewesen ist, dann bedeutet das politisch, daß eine so verstandene Planwirtschaft die ökonomische Bedingung für ein politisches System bildete, wie es bestand, und das man wohl als Diktatur einer selbst ernannten Parteielite bezeichnen kann. Dabei sei hier nicht näher analysiert, wie weit von der Spitze der Hierarchie her gesehen die hier als „Elite" bezeichnete Schicht nach unten reichte.

Es ist in der wirtschaftlichen Ordnungstheorie seit langem bekannt, daß die einzelnen Teile einer Gesellschaftsordnung, nämlich die politische, die rechtliche, die kulturelle und die wirtschaftliche Ordnung, zwar sehr unterschiedlich ausgestaltet seien, daß aber die verschiedenen möglichen Ausprägungen nicht in beliebiger Weise miteinander kombiniert werden können. Die Teilordnungen sind interdependent. Wird der Wirtschaftsprozeß, wie er innerhalb und zwischen den Betrieben abläuft, zentralistisch und imperativ geplant und bilanziert, dann geht wegen des Zusammenhangs zwischen Lebensgestaltung und wirtschaftlicher Planung hiermit unweigerlich eine weitgehende Zentralisierung der Willensbildung auf allen anderen Lebensgebieten einher. „Man kann auch sagen", so führt Hensel aus,[2] „die Zentralisierung der wirtschaftlichen Planung mittels einer zentralen Planungsbehörde führt notwendig hin zum totalen Staat, der ja durch eine umfassende und ausschließliche Willensbildung von oben nach unten charakterisiert ist." Da die Wirtschaftspläne aber nicht nur aufgestellt, sondern auch verwirklicht werden sollen, ist es darüber hinaus erforderlich, das menschliche Verhalten umfassend zu steuern und zu kontrollieren. Hierzu muß man jede Form konkurrierender wirtschaftlicher und politischer Willensbildung zumindest insoweit unterbinden, als dieses sich auf die Realisierung der politisch gesetzten Ziele des Wirtschaftens negativ auswirken könnte. So betrachtet kann man auch sagen, die Verwirklichung eines zentralen Plansystems setzt den totalen Staat in der Form der völligen Konzentration aller Formen von Macht in den Händen der politischen Führung voraus.[3]

Die Tatsache, daß in einer so verstandenen Planwirtschaft das gesamte wirtschaftliche Geschehen prinzipiell darauf ausgerichtet ist, jene Ziele des Wirtschaftens zu verwirklichen, die entsprechend den Präferenzen der politischen Führungsspitze von besonderer Bedeutung sind, die individuellen Ziele der Menschen also lediglich in jenem Ausmaß durch Bereitstellung von Konsumgütern realisiert werden können, als dies dieser politischen Führung opportun erscheint, hat dann eben von vornherein mehr oder weniger große Versorgungsmängel zur Folge, weil ein bestimmter Teil des Ressourcenbestandes zur Erzeugung von Produkten verwendet wird, die bei der Führung höhere Priorität genießen. Erachten es die politischen Spitzengremien – weil ihnen anderes wichtiger ist – als nicht erwünscht oder als unwichtig, daß die Bürger des Landes räumliche Distanzen in technisch komfortablen PKWs überwinden, miteinander in breitem Umfang in Kommunikation treten und in intakten Gebäuden mit modern eingerichteten Wohnungen leben, dann muß man eben auf einen neuen Trabant mehr als 10 Jahre warten, wird das Telefonnetz nicht leistungsfähig ausgebaut und verfällt wertvolle Bausubstanz.

3. Da aber die DDR derzeit ganz offensichtlich auf dem Wege ist, ihr politisches System auf den Boden einer demokratischen Verfassung zu stellen, ist Planwirtschaft im Sinne einer zentralen Planung, Bilanzierung und Koordination der betrieblichen und zwischenbetrieblichen Prozesse mit verbindlichen Anweisungen an die Betriebe nicht mehr kompatibel mit der neuen politischen Ordnung. Sieht man von extremen Situationen eines nationalen Notstands

---

[2] K. Paul Hensel: Grundformen der Wirtschaftsordnung. Marktwirtschaft – Zentralverwaltungswirtschaft, München 1972, S. 168.

[3] Vgl. ebenda, S. 170.

– etwa der kriegerischen Auseinandersetzung mit einem fremden Aggressor – ab, in denen vorübergehend eine Interessenparallelität oder gar weitgehende Identität der Ziele von Regierung und Bevölkerung des Landes zu vermuten sind – wie etwa in England während des Zweiten Weltkriegs – ist eine freiheitlich demokratische Verfassungsordnung auf Dauer nicht vereinbar mit Planwirtschaft. Umgekehrt freilich gilt, daß Marktwirtschaft nicht unbedingt der politischen Demokratie bedarf. „Mehr oder minder ausgeprägte freie Unternehmerwirtschaften", so führt Streissler aus,[4] „sind historisch viel häufiger als demokratische Staatsformen . . .".

Demokratisch ist nach Abraham Lincoln eine Gesellschaft dann, wenn „ . . . die Regierung des Volkes durch das Volk für das Volk erfolgt."[5] Man kann das auch anders sehen: Demokratie ist nichts anderes als eine Herrschaftsordnung, in der die politische Macht in den Händen aller Mitglieder des Gemeinwesens liegt. Im Wege der Mehrheitsabstimmung wird über den Gebrauch dieser Macht entschieden. Mehrheitsentscheidung ist aber keineswegs schon ein notwendiger Garant gegen den Mißbrauch von Macht und damit für die Freiheit des einzelnen. Jeder Mehrheitsbeschluß bedeutet Herrschaft von Menschen über andere Menschen, nämlich der Mehrheit über die Minderheit. Der Schutz von Minderheiten gegen Mehrheitsbeschlüsse gehört deshalb zu den vornehmsten Aufgaben einer demokratischen Verfassung. Das geschieht in allen liberalen Staaten sowohl durch die Gewährung von Freiheitsrechten als auch durch Gewaltenteilung. Daß aber bei imperativer zentraler Bilanzierung und Planung des Wirtschaftsprozesses *entscheidende Freiheitsrechte* nicht wahrgenommen werden können, ist offenkundig.[6]

Schon wegen dieses Zusammenhangs zwischen Wirtschaftsordnung und politischer Ordnung wird es nach meiner Überzeugung zukünftig in der DDR keine Planwirtschaft im Sinne imperativer zentraler Planung, Bilanzierung und Koordination des Wirtschaftsprozesses mehr geben können – jedenfalls dann nicht, wenn die künftige politische Ordnung die einer demokratischen Verfassung sein wird.

4. Es gibt aber auch noch einen *anderen*, ebenfalls wichtigen Grund. Die derzeit geradezu desolate Verfassung, in der sich die Wirtschaft der DDR befindet, ist in hohem Maße Ergebnis der bisherigen Wirtschaftsordnung. Man muß nämlich die Einführung und das Bestehen einer die Macht einer „Elite" sichernden planwirtschaftlichen Ordnung mit schweren ökonomischen Nachteilen erkaufen. Das hängt damit zusammen, daß menschliches Verhalten – auch ihr

---

[4] Erich Streissler: Soziale Marktwirtschaft und parlamentarische Demokratie – Die ökonomischen Aspekte, in: Ludwig-Erhard-Stiftung e.V. (Hrsg.), Soziale Marktwirtschaft und parlamentarische Demokratie, Stuttgart, New York 1990, S. 7–28, hier: S. 14.

[5] Ebenda, S. 10.

[6] Vgl. Gernot Gutmann: Marktwirtschaft und freiheitlich-demokratische Verfassungsordnung, in: Zeitschrift für Politik, Jg. 22, Heft 4/1975, S. 338–354.

wirtschaftliches Verhalten – weithin ordnungsbedingt ist. Die bisherige planwirtschaftliche Ordnung weist „eingebaute“ Konstruktionsfehler auf, deren Beseitigung nur dann möglich ist, wenn man diese Ordnung selbst aufgibt. Es handelt sich dabei um Fehlsteuerungen menschlicher Verhaltensmuster, die aus der diesem Typus einer Wirtschaftsordnung eigenen Entscheidungs-, Informations- und Motivationsstruktur erwachsen.[7] Mit der Entscheidungsstruktur einer Volkswirtschaft ist die Art und Weise gemeint, in der die Macht und die Möglichkeiten auf die Institutionen und Gesellschaftsmitglieder aufgeteilt ist, Entscheidungen über wirtschaftliches Handeln treffen zu können. Jeder Entscheidungsträger benötigt dabei Wissen über die für seine Dispositionen relevanten Gegebenheiten, das er jedoch nur zu einem geringen Teil selbst direkt besitzt. Er ist daher darauf angewiesen, zusätzliches Wissen zu erlangen, das nur anderen Wirtschaftssubjekten unmittelbar zur Verfügung steht. Dieses Wissen anderer muß ihm durch Informationen vermittelt werden. Die volkswirtschaftliche Informationsstruktur besteht nun in den jeweils bestehenden Formen und Kanälen des Sammelns, Verbreitens, Speicherns oder Nutzens von Informationen, ohne die sinnvolle Dispositionen nicht getroffen und die Entscheidungen verschiedener Entscheidungsträger nicht koordiniert werden könnten. Da wirtschaftliche Dispositionen aber nicht nur auf Informationen gründen, sondern auch interessenbedingt sind, also der Erreichung von Zielen dienen, die der Entscheidungsträger anstrebt, entsteht die Frage, wie die jeweils anderen Wirtschaftssubjekte dazu motiviert werden können, sich so zu verhalten, daß ihre Handlungen nicht nur ihnen selbst Vorteile bringen, sondern auch der Verwirklichung von Zielen der übrigen Partner im arbeitsteiligen Verkehr nützlich sind. Mit der volkswirtschaftlichen Motivationsstruktur sind daher alle Formen, Einrichtungen und Mechanismen gemeint, die Leistungen im genannten Sinne stimulieren und erzwingen.

5. Die volkswirtschaftliche Entscheidungsstruktur in der Planwirtschaft der DDR war bisher – und sie ist es derzeit zum Teil noch – hierarchisch und zentralistisch angelegt. Organe der Wirtschaftsleitung wie die Staatliche Plankommission, Ministerien, Plankommissionen in den Bezirken, Kreisen und Städten sowie andere Institutionen der materiellen und der finanziellen Planung – hatten (und haben) die Aufgabe, jene Ziele des Wirtschaftens, die von politischen Spitzengremien für eine bestimmte Zeitperiode verfolgt werden, in konkrete quantitative und qualitative Größen mengenmäßiger und monetärer Art zu übersetzen und diese dann den Kombinaten und Betrieben vollzugsverbindlich mitzuteilen. Aber diese hierarchische und zentralisierte Entscheidungsstruktur enthält grundsätzliche und nicht vermeidbare Schwächen informationeller und motivationaler Art. Seit den vierziger Jahren ist es bekannt[8] – und

[7] Vgl. Gernot Gutmann: Volkswirtschaftslehre. Eine ordnungstheoretische Einführung, 3. Aufl., Stuttgart, Berlin, Köln 1990, S. 205 ff.

[8] Vgl. Friedrich August von Hayek: Die Verwertung des Wissens in der Gesellschaft,

die moderne Bürokratietheorie bestätigt heute diese Erkenntnis[9] –, daß die Fülle des Wissens, die man benötigt, um den volkswirtschaftlichen Gesamtprozeß sinnvoll planen zu können, auf die Gesamtheit der am Wirtschaftsgeschehen beteiligten Menschen aufgeteilt, in den Köpfen der vielen einzelnen, also verstreut, vorhanden ist, und sich allenfalls teilweise zentralisieren läßt, wobei dann noch bei der Aggregation systematische Informationsverzerrungen auftreten. Die Wissensbasis zentraler Planträger ist daher unvermeidbar immer zu schmal. Das gilt selbst dann, wenn diese Planungsorgane von Meldungen und Nachrichten der verschiedensten Art geradezu überflutet werden. Andererseits bestehen große Probleme, Informationen hinsichtlich komplexer Ziele der Spitzengremien und hinsichtlich gesamtwirtschaftlicher Zusammenhänge über die verschiedenen Hierarchieebenen hinweg so zu disaggregieren, daß die Betriebe hinreichend genaues Wissen über diese Umstände erhalten.

Viele konkrete produktionstechnische und organisatorische Gegebenheiten in den operativen Einheiten sind den Planungsgremien daher nicht oder nicht zureichend bekannt. Sie sind deshalb bei der Bewältigung ihrer Aufgabe auf die Mitwirkung der Kombinate und der Betriebe selbst angewiesen. Das zwingt jedoch dazu, diesen begrenzte Entscheidungsfreiräume zu geben und zu versuchen, die Beschäftigten dann dazu zu motivieren, diese Entscheidungsspielräume so auszufüllen, daß dadurch das ihnen verfügbare, aber nicht zentralisierbare Wissen über die vielfältigen konkreten Gegebenheiten von Ort und Zeit doch noch so genutzt wird, damit die gesetzten politischen Ziele des Wirtschaftens bestmöglich erreicht werden. Um das zu bewirken, gibt man neben den vielen vollzugsverbindlichen Kennziffern noch das vor, was man die „Hebel der wirtschaftlichen Rechnungsführung" – das sind staatlich fixierte Preise für Güter und Produktionsfaktoren, Zinssätze, Steuersätze, Abschreibungsnormen und Subventionssätze sowie „Hebel der materiellen Interessiertheit" (das sind u.a. Prämiensätze und Lohnsätze für die individuelle Erfüllung oder Übererfüllung von Plannormen) nannte. In dem Rahmen, der durch die Kennziffern und durch die „Hebel" abgesteckt wurde, konnten dann die Betriebe begrenzte Dispositionen treffen. Der Absicht nach sollten diese „Hebel" so gesetzt werden, daß durch sie das Verhalten im Sinne der politischen Spitzengremien „richtig" gesteuert wird. Das würde freilich erfordern,

– die „Hebel der wirtschaftlichen Rechnungsführung" selbst „richtig" festzusetzen. Sie müßten nämlich bewirken, daß subjektive Meinungen der Beschäftigten über die Ziele der politischen Führung durch objektive Infor-

Vortrag, gehalten an der Princeton University am 20.5.1946, abgedruckt in: Derselbe, Individualismus und wirtschaftliche Ordnung, Erlenbach–Zürich 1952, S. 103–121.

[9] Vgl. Anthony Downs: Inside Bureaucracy, Boston 1967, ferner William A. Niskanen, Bureaucracy and Representative Government, Chicago, New York 1971, ferner Gordon Tullock, The Politics of Bureaucracy, Washington D.C. 1965.

mationen hierüber ersetzt würden, so daß in den Betrieben richtige Entscheidungen überhaupt getroffen werden könnten und

- die „Hebel der materiellen Interessiertheit" so auszugestalten, daß die Motivation der in den Betrieben arbeitenden Menschen so verändert wird, daß sie darauf verzichten, ihre eigenen Zwecke auf Kosten der Ziele der Entscheidungsinstanzen zu verfolgen und sich statt dessen diesen Zielen ein- und unterordnen.

Trotz unentwegten Experimentierens mit Kennziffern und „Hebeln" sowie mit Kompetenzverlagerungen innerhalb der verschiedenen Hierarchieebenen in der Planungs- und Leitungsbürokratie ist dies in keiner der mir bekannten Planwirtschaften gelungen und es gibt gute theoretische Argumente dafür, daß es auch gar nicht gelingen kann. Die Betriebe reagieren auf die Wissenslücken der Planungsgremien mit ihrer bekannten Politik der Informationsverfälschung und der „weichen Pläne". Diese erweist sich zwar als eine aus der Sicht der Betriebe rationale einzelwirtschaftliche Strategie. Sie läuft jedoch den Interessen der politischen Führung zuwider. „Die vielfach geradezu grotesken Erscheinungsformen dieser betrieblichen Planerfüllungsstrategie sind Ausdruck des Widerspruchs zwischen betrieblichen Erfolgsinteressen und dem Gesamtinteresse der Knappheitsminderung oder zwischen den einzelwirtschaftlichen Rationalitätsbestrebungen und den Erfordernissen der gesamtheitlichen Rationalität. Bei der ordnungspolitischen Konstellation: zentrale Planung, Planauflagen, Planerfüllungs- und Prämienprinzip werden die betrieblichen Erfolgsinteressen ökonomisch geradezu pervertiert."[10]

6. Die Politik der „weichen Pläne" hat also ihre Ursache in der spezifischen Gestaltung der planwirtschaftlichen Ordnung. Die daraus hervorgehende Entscheidungs-, Informations- und Motivationsstruktur bewirkt, daß das volkswirtschaftliche Lenkungs- und das Leistungsproblem nur unzureichend gelöst werden können. Diese der Ordnung inhärenten Konstruktionsfehler sind im Rahmen dieser Ordnung selbst grundsätzlich nicht behebbar. Will man die aus ihnen erwachsenden negativen Wirkungen vermeiden, dann bedarf es einer völligen Transformation dieser Strukturen in *eine* andere Gestalt. Nach wissenschaftlicher Einsicht und praktischer Erfahrung gibt es aber nur eine funktionstüchtige Alternative hierzu, nämlich marktwirtschaftliche Strukturen, die durch den Aufbau einer marktwirtschaftlichen Ordnung entstehen. Da man sich in der DDR die bisherigen Funktions- und Effizienzmängel in der Wirtschaft nicht mehr leisten will und kann, wird auch aus diesem Grunde Planwirtschaft im Sinne einer imperativ zentralen Planung, Bilanzierung und Ko-

---

[10] K. Paul Hensel: Das Profitprinzip – seine ordnungspolitischen Alternativen in sozialistischen Wirtschaftssystemen, in: K. Paul Hensel, Kurt Wessely, Ulrich Wagner (Hrsg.), Das Profitprinzip – seine ordnungspolitischen Alternativen in sozialistischen Wirtschaftssystemen, Stuttgart 1972, S. 4–22, hier: S. 17.

ordination der betrieblichen und zwischenbetrieblichen Prozesse in der Zukunft nicht mehr bestehen.

III.

1. Eine häufig anzutreffende Verwechslung staatlicher Aktivitäten mit dem, was hier bisher inhaltlich mit dem Terminus „Planwirtschaft" gemeint wurde, ergibt sich aus dem Umstand, daß auch in Marktwirtschaften nicht alle Güter an Märkten angeboten oder nachgefragt werden können. Neben den privaten Gütern, für die bekanntlich das Recht und die Möglichkeit der Ausschließbarkeit Dritter von ihrer Nutzung besteht, werden nämlich auch meritorische und öffentliche Güter erzeugt.

Öffentliche Güter sind solche, deren gleichzeitige Nutzung man dann, wenn sie einmal produziert und durch irgendeine Person konsumiert werden, den anderen nicht vorenthalten kann, auch dann nicht, wenn diese Personen nicht freiwillig bereit sind, sich an den Kosten der Erzeugung zu beteiligen. Zu den originären öffentlichen Gütern zählt man u.a. häufig das Gut „Rechtssicherheit", das Gut „Sicherheit nach außen" oder das Gut „Geldwertstabilität". Da deren Nutznießer üblicherweise nicht freiwillig bereit sind, sich in einem solchen Umfang an den Kosten der Produktion zu beteiligen, daß die Herstellung kostendeckend oder mit Aussicht auf Gewinn durchgeführt werden könnte, sind Güter dieser Art nicht geeignet, auf Märkten angeboten und nachgefragt zu werden. Sie werden nur dann hergestellt, wenn ihre potentiellen Nutznießer dazu gezwungen werden können, einen entsprechenden Kostenanteil zu tragen. Öffentliche Güter werden daher durch politische Unternehmer bereitgestellt, die sich staatlicher Zwangsmittel bedienen können. An die Stelle individueller, einzelwirtschaftlicher Entscheidungen, wie sie bei privaten Gütern getroffen werden, treten Entscheidungen politischer Gremien.

Da Marktbeziehungen bei öffentlichen Gütern nicht zustande kommen können, entsteht die Frage, nach welchem Verfahren sich feststellen läßt, welche Arten und Mengen miteinander um den Bestand knapper Faktoren konkurrierender öffentlicher Güter durch den Staat bereitgestellt und welche Arten und Mengen von Produktionsfaktoren dadurch der gleichzeitigen Erzeugung privater Güter entzogen werden sollen. Dies wird im Wege von Mehrheitsbeschlüssen durch kollektive Entscheidungsorgane entschieden. Dabei entstehen bekanntlich gravierende Probleme, nämlich die folgenden:[11]

(1) Das Problem der Repräsentanz der Interessen jener Gruppen in der Gesellschaft, die sich – wie Sparer, Steuerzahler oder Konsumenten – nicht oder

[11] Vgl. Gernot Gutmann: Artikel „Marktwirtschaft", in: Handwörterbuch der Wirtschaftswissenschaft (HDWW), Fünfter Band, Stuttgart und New York, Tübingen, Göttingen und Zürich 1980, S. 140–153, hier: S. 147 ff.

nicht in jenem Maße organisieren, um ihre Anliegen zu vertreten, wie das bei den hochorganisierten, Sonderinteressen vertretenden Gruppen geschieht.

(2) Das Problem der Sachkunde der Mitglieder von politischen Entscheidungsorganen. Kein Parlamentarier ist in der Lage, über die Sachzusammenhänge aller jener Fragen, über die er mitentscheidet, in ausreichender Weise Information und Urteilsfähigkeit zu besitzen.

(3) Das Problem, die Mitglieder der Gesellschaft zur Offenbarung ihrer Präferenzen bezüglich der öffentlichen Güter zu veranlassen.

(4) Das Problem, wie im Abstimmungsprozeß aus in sich stimmigen individuellen Präferenzen, die aber voneinander abweichen, eine gesamtgesellschaftliche, in sich stimmige Wohlfahrtsfunktion gewonnen werden kann. Man hat es nämlich mit dem bekannten Condorcet-Problem zu tun, das in der Theorie der Wirtschaftspolitik als „Arrow-Paradoxon" bekannt ist.

(5) Das Problem der Motivation bei der Bereitstellung öffentlicher Güter. Individuelle Gewinn- oder Einkommensinteressen dürften für die Mitglieder jener politischen Entscheidungsgremien, in denen die hier relevanten Beschlüsse gefaßt werden, allenfalls ein untergeordnetes Motiv sein. Das Interesse der in den Parlamenten vertretenen Parteien, in zukünftigen Wahlen die auf sie entfallende Stimmenzahl zu halten oder zu vergrößern, spielt hier sicherlich eine wichtigere Rolle.

2. Nun ist aber die Produktion meritorischer und öffentlicher Güter nicht zu verwechseln mit „Planwirtschaft" im Sinne imperativer zentraler Planung, Bilanzierung und Koordination der betrieblichen und zwischenbetrieblichen Prozesse. Das wird sofort deutlich, wenn man sich das Ineinandergreifen der beiden Teilprozesse – nämlich der Erzeugung öffentlicher und der Erzeugung privater Güter – vor Augen hält. Gesetze also, die unverzichtbare Grundlage für privatwirtschaftliches Handeln, werden von politischen Unternehmern als öffentliche Güter produziert. Diese Gesetze begründen den freien Entscheidungsspielraum von Einzelwirtschaften und grenzen ihn ab. Daraus erwachsen in Verbindung mit der Konvention jene allgemeinen Regeln des Verhaltens, die zu einem geordneten Beziehungsnetz zwischen den Elementen des wirtschaftlichen Subsystems führen. Diese Art öffentlicher Güterproduktion bildet daher die ordnungspolitische Basis der marktwirtschaftlichen Erzeugung privater Güter. – Zur Produktion öffentlicher Güter jeglicher Art ist andererseits der Einsatz solcher Produktionselemente erforderlich, die in jenem Teil des Wirtschaftsprozesses bereitgestellt werden, der auf dem wettbewerblichen Marktprozeß beruht. Diese Faktoren haben als private Güter Marktpreise, die über ihre Knappheitssituation informieren. Über die Nachfrage solcher Vorleistungen und Produktionsfaktoren verknüpfen sich die Produktionspläne der öffentlichen Güter mit den Märkten und dadurch mit dem System der durch private Einzelwirtschaften erarbeiteten Wirtschaftspläne.

Es ist also einmal die Produktion öffentlicher Güter Vorbedingung für das wettbewerbliche Geschehen, andererseits ist dieses Grundlage für die Bereitstellung öffentlicher Güter. Wenn die DDR zur Marktwirtschaft übergeht, dann wird das auch für sie gelten.

3. Lassen Sie mich in diesem Zusammenhang auf ein leider immer wieder auftretendes, anscheinend unausrottbares Mißverständnis hinweisen. Häufig wird der theoretisch arbeitende Wirtschaftswissenschaftler von wohlmeinenden Kritikern mit milder Herablassung darüber belehrt, in der Realität gäbe es ja keine „reine" Marktwirtschaft, denn Wirtschaftspolitik und die Herstellung öffentlicher oder meritorischer Güter sowie die planende Vorbereitung solcher staatlicher Aktivitäten ließen eben den Marktprozeß nicht „rein" ablaufen. Ich darf an dieser Stelle versichern: Wirtschaftstheoretiker wissen das mindestens ebenso gut wie ihre Kritiker und sie sind weit davon entfernt, dies nicht zur Kenntnis zu nehmen. Was aber die genannten Kritiker offenbar nicht wissen oder nur schwer begreifen, ist die Tatsache, daß kein vernünftiger Theoretiker dann, wenn er sich zur gedanklichen Analyse gewisser Zusammenhänge etwa des mit heroischen Prämissen unterlegten Modells der „vollkommenen Konkurrenz auf allen Märkten" bedient, der Ansicht ist, dieses Modell wäre ein „reines" Abbild einer Marktwirtschaft. Ganz so dumm sind wir nicht. Eine „reine" Marktwirtschaft im Sinne der Realität ist immer eine solche, bei der die verschiedenen Daten, die den privaten Dispositionen zugrunde liegen, wirtschaftspolitisch – sowohl ordnungs- wie auch prozeßpolitisch – beeinflußt sind, und in der öffentliche Güter unverzichtbare Voraussetzung für die privatwirtschaftliche Tätigkeit sind. Nur: Mit Planwirtschaft im Sinne imperativer zentraler Planung, Bilanzierung und Koordination der betrieblichen und zwischenbetrieblichen Abläufe hat das überhaupt nichts zu tun. Was die „Reinheit" des marktwirtschaftlichen Prozesses in der Realität angeht, so wird hier ein völlig anderes Problem aktuell, nämlich das der Ordnungskonformität oder -inkonformität des wirtschaftspolitischen Instrumenteneinsatzes.

IV.

1. Wirtschaftspolitische Aktivitäten des Staates sowie die Bereitstellung meritorischer und öffentlicher Güter durch Parlamente als politische Unternehmer und deren Exekutivorgane im Bereich der öffentlichen Verwaltung sind – auch in Marktwirtschaften – in ihrer Vorbereitung oder Durchführung mit Planungsvorgängen verbunden. Geht man bei deren Systematisierung von rechtlichen Kategorien aus, dann lassen sich zwei Formen solcher Planung voneinander unterscheiden, nämlich der *verwaltungsrechtliche* und der *staatsrechtliche* Plan.

Verwaltungsrechtliche Pläne, die in der Administration weite Verbreitung haben, kennt man als Bebauungspläne, als Pläne von Siedlungsvorhaben, als

Pläne bei der Anlage von Verkehrswegen, – nämlich von Straßen, Kanälen und anderen Wasserwegen, Flugplätzen oder Seehäfen.[12] Auch gibt es sie als verwaltungs*interne* Vorplanung von öffentlichen Bauten, von Beschaffung militärischer Ausrüstung oder bei der Aufstellung von personellen Stäben und Einrichtungen. Solche verwaltungsrechtlichen Pläne dienen dem Zweck, bestimmte Einzelakte zu koordinieren und dadurch einen bestimmten und erwünschten Ordnungszustand zu erreichen. Sieht man von den nur für den internen Verwaltungsbereich geltenden Plänen einmal ab, dann haben die nach außen gerichteten verwaltungsrechtlichen Pläne stets einen normativ verbindlichen Charakter. Es soll ein bestimmter Endzustand, nämlich „ . . . eine abgewogene Raumordnung, eine vorbestimmte zonenartige Bebauung, eine Herstellung bestimmter Verkehrswege erreicht werden. Im Plan des Verwaltungsrechts ist maßgebend die Bewirkung eines vorgestellten und normativ festgelegten Idealbildes."[13] Er hat nach Scheuner folgende Merkmale:[14]

(1) Der Plan ist eine vorausschauende Gesamtordnung. Er dient der Koordination unterschiedlicher Interessen und führt oft zur konkreten Zuteilung von *rechtlichen* Positionen und Möglichkeiten an Personen.

(2) Das Bild des zu erreichenden Endzustandes ist im wesentlichen normativ festgelegt.

(3) Der Plan ist sowohl für die Behörde selbst wie auch für die Beteiligten verbindlich.

Im übrigen sei daran erinnert, daß die im Rahmen solcher verwaltungsrechtlicher Pläne dann zu errichtenden Bauten, Straßen oder Kanäle im Regelfall von privatwirtschaftlich miteinander im Wettbewerb stehenden Unternehmungen tatsächlich erst hergestellt werden.

Da man wohl davon ausgehen darf, daß in der DDR auch in Zukunft Transportwege gebaut, Wohnsiedlungen errichtet und Industrieanlagen gefördert werden, wird es auch in Zukunft Pläne solcher Art geben, die von öffentlichen Instanzen erarbeitet werden, ohne daß dies irgendetwas mit Planwirtschaft in dem Sinne zu tun hat, wie dieser Terminus hier gebraucht wurde.

2. Neben solchen verwaltungsrechtlichen kann es in Marktwirtschaften auch Pläne der *staatsrechtlichen* Ebene geben. Man denke an Bildungspläne, Verteidigungspläne, an den grünen Plan zur Förderung der Landwirtschaft u.a.. Im Unterschied zu verwaltungsrechtlichen Plänen, die in der Regel Spezialfragen betreffen, hat man es bei den staatsrechtlichen Plänen mit solchen zu tun, die einen größeren regionalen, funktionellen oder nationalen Bereich gestalten wol-

---

[12] Vgl. Ulrich Scheuner: Verfassungsrechtliche Probleme einer zentralen staatlichen Planung, in: Joseph H. Kaiser (Hrsg.), Planung I, Baden-Baden 1965, S. 67–89, hier: S. 71.

[13] Ebenda, S. 73.

[14] Vgl. ebenda.

len. Pläne dieser Art berühren meist individuelle Verhältnisse nicht oder nicht unmittelbar und man will mit ihnen keine fest umrissenen Endzustände erreichen. Sie wollen vielmehr in einem bestimmten Zeitabschnitt eine Koordination und eine Ausrichtung der Aktivitäten der Administration mit denen der Privaten erreichen. Pläne dieser Art sind nicht auf einen bleibenden Zustand ausgerichtet, sondern sie sind Durchgangsstadien für nachfolgende Pläne, in denen neue Ziele angestrebt und neue Probleme aufgerufen werden. Sie wollen einer Wirtschaftspolitik dienen, die nicht nur punktuell ausgerichtet ist. Sie sind gewissermaßen Instrument einer politischen Strategie, aber man will durch sie keine Herrschaft über die wirtschaftlichen Abläufe erreichen. Für Marktwirtschaften lassen sich mit Scheuner[15] die beiden folgenden Typen von Plänen der staatsrechtlichen Ebene unterscheiden.

(1) Der *indikative* (oder informative) Plan begnügt sich mit einer Darstellung gewonnener Daten und fügt gewisse erwünschte Folgerungen an. Ein Beispiel hierfür sind Wirtschaftsberichte der Regierung, in welchen Ergebnisse der letztjährigen Entwicklung dargelegt und einige Folgerungen für das kommende Jahr daraus gezogen werden. Es werden aber keine Ziele und Forderungen im einzelnen aufgestellt. Es besteht hier lediglich die Hoffnung, daß diese Darlegungen allein bereits geeignet sind, das Verhalten von Unternehmungen und Verbänden in einem gewissen Maße zu beeinflussen.

(2) Der *influenzierende* Plan ist gleichzusetzen mit der französischen *Planification* in bestimmten ihrer Stadien. Über den bloß indikativen Plan hinaus werden hier wirtschaftspolitische Instrumente des Staates eingesetzt, um gewisse Ziele durchzusetzen. Die französischen Pläne waren zeitweise indikativ gegenüber der *Privatwirtschaft*, gegenüber *öffentlichen* Unternehmungen jedoch imperativ.[16]

3. Zu den wesentlichen Begleitumständen der französischen Planification gehören:

(a) Ein hoher Anteil von Staatseigentum an Unternehmen in sogenannten Schlüsselbranchen wie Stahlindustrie, Elektrizitätswirtschaft, Chemie, Luftverkehr, Versicherungen und vor allem Banken.

(b) Staatlicher Einfluß auf das Geschäftsbankensystem. Dadurch wird die Kapitalallokation und damit Höhe und Struktur der kreditfinanzierten Investitionen beeinflußbar. Instrumente sind oder waren hier Kreditrationierung, Kreditgarantien, Zinsdifferenzierung und Zinssubventionen. Projekte, die den Planzielen entsprachen, wurden zu besseren Konditionen finanziert als andere.

---

15 Vgl. ebenda, S. 83.

16 Vgl. Joseph H. Kaiser: Exposé einer pragmatischen Theorie der Planung, in: Derselbe (Hrsg.), Planung I, a.a.O., S. 11–34, hier: S. 23.

(c) Eine Vorliebe für „Industriestrukturpolitik". Hierunter fallen alle Maßnahmen, mit deren Hilfe staatliche Stellen Branchen umgestalten wollen, in denen Privatunternehmen dominieren. Dies betrifft vor allem die Förderung von Unternehmenskonzentration zur Erzielung von Economies of Scale, branchenbezogene Subventionen, Steuerbefreiungen und Ausnahmeregelungen. Konsequenterweise ist dann auch die Wettbewerbspolitik stark kasualistisch geregelt.

4. Ganz unabhängig von der Frage, welchen Wert oder Unwert ich selbst solchen *influenzierenden* Plänen als Basis für die Wirtschaftspolitik beimesse, gibt es derzeit in der DDR einige Gegebenheiten, die auch Grundlage für die Planification in Frankreich darstellten. Dazu gehört die beobachtbare Vorliebe mancher Vertreter politischer Gruppierungen zu kollektivistischem Denken und zu dem Glauben, daß der Staat – wenn er Wirtschaftspolitik betreiben soll – doch auch irgendetwas „planen" müsse ebenso wie der derzeit noch hohe Anteil des als „Volkseigentum" deklarierten Staatseigentums an Betrieben. Wenn man darüber hinaus bei Kardaetz und Reuß im Neuen Deutschland[17] nachlesen kann, daß zumindest für eine Übergangsperiode auf einen Jahresvolkswirtschaftsplan nicht ganz verzichtet werden könne, der insbesondere auf die Stabilisierung der Wirtschaft auszurichten und nach dem Prinzip einer „Planung von unten nach oben" zu gestalten sei sowie von der Volkskammer vorgegebene Orientierungen für Unternehmungen und örtliche Organe zu enthalten habe, dann deutet auch dies darauf hin, daß es – Zweistaatlichkeit in Deutschland unterstellt – in der DDR zukünftig zumindest auf Zeit indikative oder influenzierende Pläne der Wirtschaftspolitik geben könnte. Vielleicht ließe sich mit solchen Plänen, die ja eine funktionierende Marktwirtschaft voraussetzen, sogar die Akzeptanz einer marktwirtschaftlichen Ordnung bei der Bevölkerung der DDR erhöhen. Wirtschaftspolitisch ist ja mitunter nicht so sehr entscheidend, was aus Sicht der wissenschaftlichen Analyse sinnvoll und zweckmäßig ist, sondern eben das, was eine Mehrheit für sinnvoll hält.

[17] Vgl. Jürgen Kardaetz, Karl-Heinz Reuß: Marktwirtschaft, Unternehmen und der volkswirtschaftliche Rahmen. Zu einem neuen Verfahren der Planung und Bilanzierung sowie der Vertragsgestaltung, in: Neues Deutschland vom 13./14. Jan. 1990, S. 5.

III. Recht und Rechtsschutz

Ewa Łętowska

POLENS WEG ZUM RECHTSSTAAT

1. Die Zuneigung zur Idee und zu dem Gedankengut der Herrschaft des Rechts und des Zustands der Gesetzmäßigkeit gehört seit eh und je zur polnischen Tradition. Nach der Wiedererlangung der Unabhängigkeit wurde im Jahre 1921 im freien Polen eine demokratische Verfassung in Kraft gesetzt, die so liberal und modern war, daß sich viele Rechtswissenschaftler bis heute auf sie berufen, als auf ein sicheres, gutes Muster. In Polen zwischen den beiden Weltkriegen funktionierte eine Verwaltungsgerichtsbarkeit und das polnische Gesetz über das Verwaltungsverfahren gehörte zu den ersten in unserem Erdteil, denn es stützte sich schließlich auf die besten österreichischen Lösungen auf diesem Gebiet. Das Strafgesetzbuch und die Zivilrechtsgesetze entsprachen dem in der Welt führenden theoretischen Gedankengut und hatten zweifellos einen liberalen Charakter. Das Arbeitsrecht gehörte zu den fortschrittlichsten in Europa. Mit anderen Worten: wenn wir heute von dem Nachkriegsweg Polens zu einem Rechtsstaat sprechen, müssen wir vor Augen haben, daß es kein Weg war, der seinen Anfang in der Wüste nahm. Ganz im Gegenteil.

2. In der Entwicklung nach dem Zweiten Weltkrieg kann man einige Phasen unterscheiden. Die Übernahme der Macht durch die kommunistische Partei und die mit ihr verbundenen politischen Organisationen hatte einen revolutionären Charakter; zu den ersten und weitreichenden Aufgaben zählte man die Vernichtung der ehemaligen besitzenden Klassen und die Überwindung ihres Widerstands; den Ausgang der Veränderung bildeten die Nationalisierung der Industrie und die Bodenreform. In jener Zeit wurde die Kollektivierung des Dorfes mit obligatorischer Lieferung landwirtschaftlicher Erzeugnisse durchgeführt. Es handelte sich um politische Maßnahmen, die von ökonomischen, rechtlichen und administrativen begleitet waren. In größeren Städten hat man die öffentliche Wohnraumbewirtschaftung eingeführt, wobei sich die Verwaltung mit Zustimmung des Parlaments nach heutiger Auffassung fragwürdiger Mittel bediente: man garantierte zunächst die Unantastbarkeit des Eigentums von Personen, die aus eigenen Mitteln Wohnungen errichteten. Nach einigen Jahren hob man jedoch diese Garantie auf. Verfolgt wurden „Kulaken“ und

die sog. Privatinitiative, ohne sich um gesetzliche Verbote zu kümmern, die es sogar nach damaligem Stand gab. Die „Bürgerrechte" und „Menschenrechte" waren nicht wirksam geschützt. Die Verwaltungspraxis richtete sich in dieser Phase nach der aktuellen Politik, und diese wiederum ging sehr weit; es gab dafür einen Ausdruck „Voluntarismus". Es wurden das Eigentumsrecht (z.B. das Recht auf den Besitz von Devisen), die Gewissensfreiheit (z.B. der religiösen Überzeugung), das Recht auf die eigene Wahl der Kleidung, was für die heutige Jugend fast unbegreiflich erscheinen mag, weiter die Auswahl der Tanzmusik oder der Literatur eingeschränkt. Echte und vermeintliche politische Gegner wurden auf eine Art und Weise bekämpft, die von vielen nach heutigen Maßstäben als rechtswidrig, ja verbrecherisch, verurteilt wird. Anders ausgedrückt: die Machthaber verfügten damals über unbegrenzte Befugnisse gegenüber dem Bürger. Man hat die Menschen einer revolutionären, exzessiven Politik unterworfen, ohne die Grundsätze der Gesetzmäßigkeit, die man damals im übrigen als „revolutionäre" oder „sozialistische" zu bezeichnen pflegte, einzuhalten.

Vielleicht werden einmal die Historiker aus größerer Distanz imstande sein, differenzierter als es heute möglich ist, diese Phase zu beurteilen: sie werden wohl dabei auch auf die durchgreifende Industrialisierung, die Vollbeschäftigung, die Elektrifizierung auf dem Land, den Wohnungsbau, den allgemeinen Zugang zur Bildung, die Entwicklung des Gesundheitswesens und ähnliche große Vorhaben nach dem Kriege als mögliche Erklärung damaliger Ereignisse anführen. Schließlich gehören auch solche Maßstäbe zum Gesamtbild jener Jahre in Polen. Wenn diese Historiker auch von der Rechtsverletzung berichten werden, dann werden sie es vielleicht teilweise damit rechtfertigen wollen, daß sich die brutalen und rücksichtslosen Methoden im Vergleich zu anderen Ländern relativ mild ausnahmen. Das ist natürlich keine volle Rechtfertigung weder für einen Moralisten noch für einen Juristen. Doch die Tatsachen müssen in jedem Fall schonungslos dargelegt werden.

Eine Wende brachte das Jahr 1956, das in die Geschichtsschreibung als „polnischer Oktober" eingegangen ist. Es wurden solche Losungen wie Rechtmäßigkeit, Dezentralisierung, Selbstverwaltung, Bürgerrechte, Erweiterung der Freiheiten in Kultur und Wissenschaft verkündet. Zu beobachten war gleichsam eine Explosion von liberalen Ideen: so wurde sehr bald das Gesetz über die Staatshaftung für Amtshandlungen von Funktionären verabschiedet, weiter forderte man die Einführung der Verwaltungsgerichtsbarkeit. Politische Häftlinge aus der Stalinzeit wurden entlassen, und es kam zu Prozessen gegen Personen, die damals für die Mißhandlungen während der Untersuchungen verantwortlich waren. Aber im übrigen dauerte dieser Zustand der allgemeinen Euphorie nicht lange: Gegensätze innerhalb der herrschenden Gruppe (die sog. revisionistischen Tendenzen) führten alsbald zur Festigung der zentralen Kontrolle und es wurden z.B. Freiheiten der vorwärtsdrängenden Kräfte beschränkt: Verletzungen des Staatseigentums führten zur Verschärfung des Strafrechts, und das berüchtigte Todesurteil in der sog. Fleischaffäre, das vollstreckt wurde, gehört bis heute zu den dunkelsten Kapiteln in der Würde der polnischen Gerichtsbarkeit. Trotz dieser negativen Entwicklung unmittelbar nach dem „polnischen Oktober“ haben die Behörden die Forderung nach Einhaltung der Gesetzmäßigkeit in weit höherem Maße beachtet als dies früher der Fall war. Das Mittel, mit dem man dieses Ziel erreichen wollte, war der Grundsatz der Bindung an das materielle und formelle Recht. Auf den ersten Blick erscheint es als nicht viel, doch im Vergleich mit der früheren Praxis bedeutete es einen grundlegenden Fortschritt. Der Sturz Gomulkas im Dezember 1970 brachte eine qualitativ neue Situation in der politischen Geschichte Polens mit sich. Zum ersten Mal führte die Krise der Wirtschaftspolitik zu einem Wechsel der regierenden Gruppe; zum ersten Mal erklärten die neuen Anführer öffentlich die Auflehnung der Bevölkerung gegen die alte Führung für begründet und richtig.

Edward Gierek trat seine Herrschaft unter günstigen Umständen an. Das politische Klima im Lande gestaltete sich erfreulich: wohl zum ersten Mal in seiner Geschichte erwies sich Polen als ein Land ohne politische Häftlinge. Schon die Tatsache allein, daß die politische Betätigung nicht mehr als die ausschließliche Angelegenheit der Führung angesehen wurde und daß die Forderung der moralisch-politischen Einheit der Gesellschaft in den Vordergrund gerückt und vieles unternommen wurde, um einen Ausgleich zwischen den Behörden und der Gesellschaft herbeizuführen, mußte sich auch positiv auf das rechtspolitische Postulat nach Gesetzlichkeit auswirken. Der geschlossene Druck der Intellektuellen und dann auch breiterer Bevölkerungskreise verlagerte sich in den politischen Bereich: die Vereinigungsfreiheit, die Freiheit des Wortes und der Veröffentlichungen, die Einschränkung, und sogar Abschaffung der Zensur, die Bewegungsfreiheit über die Landesgrenzen hinaus, die allgemeine Diskussion über die Menschenrechte – das waren schon damals die Hauptlosungen, unter denen man gegen die Regierung opponierte. Die Lage erwies sich jedoch insofern als schwierig, als die Wirtschaftspolitik der Gierek-Gruppe mit der Zeit merklich an Schwung verlor, um letzten Endes ganz zusammenzubrechen. Rettung suchte man im Erlaß zahlreicher Gesetze und Ankündigung neuer, bürgerfreundlicher Rechtsakte, deren reale Bedeutung jedoch durch eine Art „Kosmetik der Entwürfe“ stark gemindert war, wie z.B. über die gesellschaftliche Kontrolle, über die Qualität der Waren und Dienstleistungen, über den Umweltschutz u.ä. Auf diesem Hintergrund muß man den Vorstoß einer Gruppe der Parlamentarier mit Unterstützung der Juristen hervorheben, die Anfang 1980 die Verwaltungsgerichtsbarkeit in Polen einführte. Die Verwaltungsgerichtsbarkeit markierte einen neuen Zeitabschnitt des polnischen Weges zur Verwirklichung der Idee eines Rechtsstaates.

3. Die Augustkrise von 1980, die zur Niederlage der Gierek-Equipe führte, stellte die neue Regierung, die damals von Wojciech Jaruzelski geleitet wurde,

vor äußerst komplizierte Aufgaben politischer, sozialer und wirtschaftlicher Natur. Ich will hier nicht Einzelheiten der politischen Geschichte Polens jener Jahre schildern, zumal diese allgemein bekannt ist. Es kommt wohl eine Zeit, daß sie in aller Ruhe und emotionslos von Historikern eingeschätzt wird: sie werden die internationale und innere Situation des Landes berücksichtigen, einschätzen in welchem Ausmaß die Inanspruchnahme der schockierenden Mittel des Kriegszustandes in der damaligen Situation Europas und Polens begründet und rational war, und in welchem sie vielleicht als exzessiv angesehen werden kann. Für einen fremden Beobachter kann es jedoch interessant sein, daß eben in der Zeit des sog. Kriegszustands und unmittelbar nach dessen Aufhebung entschiedene Tendenzen zur grundlegenden Festigung der Teilnahme der Gerichtsorgane an der Machtausübung bemerkbar wurden. Man kann das als paradox einschätzen, aber die politische Leitung hat selbst Bedingungen zur Entwicklung von Institutionen geschaffen, die die Freiheit der Machtausübung einschränkten und ihr legalistische Einschränkungen auferlegten. Man könnte sogar die Vermutung aufstellen, daß die politische Leitung dies tat, als ob sie die Notwendigkeit des Abgangs vor Augen hätte und Garantien einer möglichst konfliktlosen Machtübernahme vorbereitete . . . Wir werden uns aber in keine Spekulationen einlassen; es reicht, wenn wir uns auf Fakten beschränken.

Im Laufe weniger Jahre wurden in Polen eine Reihe wesentlicher Reformen durchgeführt, die grundlegend für die Verwandlung des ganzen Systems zum Schutze der Gesetzmäßigkeit, insbesondere zum Schutz der Bürgerrechte waren. Ins Leben gerufen wurden das Verfassungstribunal und das Staatstribunal, wesentlich erweiterte sich die Rolle der Gerichtsbarkeit bei der Behandlung von Streitsachen aus dem Bereich der Wirtschaft und der Arbeitsverhältnisse, man kann auch hinzufügen, daß seit fast drei Jahren das Amt eines Bevollmächtigten für Bürgerrechte, also eines Ombudsmannes, besteht, des ersten in der Gruppe von Ländern, die damals noch sozialistisch genannt wurden. Man kann also klar sagen: alle, aber auch wirklich alle Institutionen, die in den entwickelten liberalen Ländern dem Schutz der Rechtmäßigkeit und der Bürgerrechte dienen, sind heute in Polen vorhanden und tätig. Vom formal-politischen Standpunkt aus fehlt also nichts.

In durchaus beachtlichem Grade veränderte sich auch die Praxis der Verwaltung. Die politische Zensur ist praktisch unsichtbar, die sog. illegalen Veröffentlichungen werden an jeder Straßenecke verkauft, und da ihre Produktion billig ist, bilden sie heute eine ernsthafte Bedrohung für die staatlichen Verlage. Das Problem des Erhalts eines Reisepasses für Reisen ins Ausland existiert praktisch nicht mehr. Charakteristisch ist aber übrigens, daß von dem Augenblick an, als die polnischen Behörden daran gingen, massenweise Pässe auszugeben, die westlichen Staaten rigorose Viseneinschränkungen einführten, um sich vor dem Andrang unerwünschter Gäste zu schützen. Es erwies sich also, daß die früheren ausländischen Aufrufe, „den Bereich der Freiheit zu erweitern", und die Erzählungen von einer „Paßpolitik, die die Menschenrechte verletzt“ im Grunde genommen einen utilitaristisch-propagandistischen Charakter hatten; als sie nur aufhörten, nützlich zu sein, änderte man sofort die Stellungnahme.

Deutlich verändert sich die innere Politik in vielen Bereichen des Lebens, und im Grunde genommen kann man schon seit den Wahlen im Juni 1989 von einer Änderung der Gesellschaftsordnung des Staates sprechen, was durch die Verfassungsänderungen vom 29. Dezember des gleichen Jahres endgültig bestätigt wurde. Man braucht nur zu erwähnen, daß der Art. 1 Punkt 1 der polnischen Verfassung, der bisher lautete: „Die Volksrepublik Polen ist ein sozialistischer Staat“, heute heißt: „Die Republik Polen ist ein demokratischer Rechtsstaat, die die Prinzipien der gesellschaftlichen Gerechtigkeit verwirklicht“. Und weiter heißt es in Art. 1 Punkt 1: „Die Beachtung der Gesetze der Republik Polen ist die grundlegende Pflicht jedes Staatsorgans“ sowie in Punkt 2: „Alle Organe der Macht und der staatlichen Verwaltung betätigen sich aufgrund der Vorschriften des Gesetzes“.

Diese grundlegenden Feststellungen warten noch auf ihre Durchführung in der gewöhnlichen Gesetzgebung und einer theoretischen Exegese, so wie das in allen Staaten mit einer entwickelten Rechtskultur und einer Rechtswissenschaft der Fall ist, die auf einem hohem Niveau steht. Nichtsdestoweniger kann man schon jetzt sagen, daß der Verfassungsgesetzgeber das realisiert hat, wozu er verpflichtet war. Das entschiedene Vorhaben einer Änderung der politischen Ordnung wurde deutlich bestätigt durch die neue Formulierung des fundamentalen Artikels der Verfassung: anstelle des „sozialistischen Staates“ trat der „demokratische Rechtsstaat“. Ein dogmatisch orientierter Theoretiker könnte an dieser Stelle sagen: wenn dem so ist, dann wurde Ende 1989 der Weg Polens zur Schaffung eines Rechtsstaates letzten Endes erfolgreich abgeschlossen. Aber ein realistisch und funktional eingestellter Praktiker kann erwidern, daß sich in diesem Augenblick jener Weg wirklich öffnete. Und beide würden wohl – jeder in seinem Sinne – Recht haben.

4. Was eigentlich ein Rechtsstaat ist, kann man unter mehreren Gesichtspunkten erörtern. Erstens gehört dazu ein gewisser Standard an Rechtsvorschriften: ganz knapp formuliert – ihr Inhalt soll gewissen fundamentalen, in der zivilisierten Welt angenommenen Standards entsprechen. Zweitens ist es ein gewisser Zustand und ein Niveau des Systems der Kontrollinstitutionen für die Beobachtung des Rechts im Staat erforderlich; man pflegt z.B. allgemein die Meinung zu vertreten, daß die grundlegende Garantie der Rechte des Individuums die Annahme ist, daß sie von fachgemäßen, von den Behörden unabhängigen Gerichtsorganen überwacht werden. Wenn dem nicht so ist, dann fällt es schwer zu beweisen, daß der betreffende Staat ein Rechtsstaat ist. Drittens handelt es sich um einen gewissen Stand der Praxis der Aktivitäten der Staatsorgane, die sich auf die Beachtung des Rechtes beziehen: man kann ein gutes System von Organen und Institutionen haben, aber wenn sie nicht

tätig sind oder nur scheinbar tätig sind, dann wird ebenso nur scheinbar der Stand der Herrschaft des Rechtes in dem konkreten Staat sein. Und schließlich das vierte – oft außer acht gelassene, aber meiner Meinung nach äußerst wichtige -- Element: ein bestimmter Stand des Bewußtseins der ganzen Gesellschaft, diejenigen mit einbezogen, die in den Verwaltungsorganen arbeiten, mit einem Wort – aller. Dieses Bewußtsein soll auf der Überzeugung beruhen, daß die geltenden Gesetze gerecht sind und dem Interesse der Allgemeinheit dienen; daher liegt es in dem gemeinsamen, wohlverstandenen Interesse, sie zu beachten. Jeder soll daher nicht nur das erhalten, was ihm nach dem Recht zusteht, sondern er wird es auch wirklich erhalten. Aber niemand sollte das erhalten, was ihm nicht zusteht, dabei gestalten sich der Stand des Rechtes und die Tätigkeit der Staatsorgane so, daß er keine Chancen hat, so etwas zu erhalten, daher sollte er nicht einmal danach streben, noch sich darum bemühen. In der Situation des sog. Betreuungsstaates (der überall in größerem oder geringerem Grad verbreitet ist) und der allgemeinen Abhängigkeit des Einzelnen von der Wiege bis zur Bahre vom Staat, von dessen Hilfe und dessen Leistungen, rückt jenes vierte bewußtseinbezogene Element der Gestaltung des Rechtsstaates gegenwärtig immer mehr in den Vordergrund. Und niemand konnte es leider besser und oft feststellen als gerade der erste Ombudsmann in den osteuropäischen Ländern, der vor zwei Jahren in einem Land ernannt wurde, das 45 Jahre lang die Bezeichnung eines sozialistischen Landes trug.

5. Man muß ehrlich feststellen, daß die Bildung des Amts des Ombudsmannes gerade in Polen und gerade 1987 ein – um sich einer milden Bezeichnung zu bedienen – recht mutiges Experiment des Gesetzgebers war. Es fehlte nicht an Stimmen, denen zufolge das Unternehmen eine verfrühte Initiative gewesen sei, die sowohl wegen der innenpolitischen Lage als auch im Hinblick auf den Zustand der gesamten Wirtschaft objektiv gesehen nichts Gutes für das Amt des Ombudsmannes versprach. Einer der Journalisten führte aus, daß der Ombudsmann in zivilisierten Ländern die Krönung in der Entwicklung des Systems zum Schutze der Bürgerrechte bedeute, eine luxuriöse Institution, die nicht so sehr der Rechtmäßigkeit diene, als vielmehr dem Wohlgefühl der Bürger. Er könne sich gut dort betätigen, wo das Geld Geld sei, die Ware Ware bedeute, der Kunde einen Kunden verkörperte, wo die Verwaltung und die Regierung stabil und fachkundig seien, von den Bürgern geschätzt würden, wo das Lebensniveau der Bürger von niemandes Gnade, sondern vor allem von ihm selbst abhänge. Wenn aber – schrieb er weiter – die Abnormität zur Regel werde, und so gestalte sich das Leben in Polen, dann sei die Tätigkeit des Ombudsmannes im Grunde ein Mißverständnis. Weiter hat er auf recht griffige, zugleich aber eindrucksvolle Weise erklärt, daß die Situation so sei, als ob jemand einem zerlumpten, vom Leben gezeichneten, ausgehungerten und dazu schwerkranken alten Weib einen eleganten Hut von Dior auf den Kopf setzte. Der Unglücklichen sollte man vor allem eine warme Wattejacke geben und eine Schüssel Suppe, bei Dior dagegen sollten sich nur reiche Modedamen kleiden.

Die Praxis des Bevollmächtigtenamtes hat bewiesen, daß jener giftige Journalist leider zum Teil recht hatte.

Aber es wurde auch eine andere Meinung geäußert. Ein Autor behauptet, daß alle fundamentalen Institutionen des Schutzes der Bürgerrechte bisher bei uns eben in anomalen politisch-wirtschaftlichen Situationen entstanden seien. Sowohl das Verwaltungsgericht als auch das Verfassungstribunal würden im Grunde genommen durch die intellektuellen Juristenkreise den erschlaffenden, politisch steril werdenden, gesellschaftlich alienierten Machthabern entrissen und dies in einer Situation, in der ihnen wirtschaftlich der Boden unter den Füßen zu wanken begonnen habe. Da seien die Behörden bemüht gewesen, um jeden Preis durch irgendwelche spektakulären, demonstrativen Akte ihre demokratische Einstellung, ihre Liebe zur Rechtmäßigkeit und ihre Öffnung der Gesellschaft gegenüber zu beweisen. Eine ähnliche Situation würden wir schließlich nicht nur in Polen beobachten. Wenn das so sein mußte, schlußfolgerte dieser Autor, daß beide Tribunale des öffentlichen Rechtes bei uns eigentlich verfrüht entstanden seien und daß sie lange Zeit hindurch um ihre eigene Identität zu kämpfen hätten, dann gebe es eigentlich keinen Grund, daß die Geschichte der Bildung des Amtes des polnischen Ombudsmannes anders verlaufen sollte. Typisch für Polen der achtziger Jahre, konkludierte er schließlich, sei die Bildung von Institutionen zum Schutze der Bürgerrechte mit zeitlichem Vorsprung; erst später komme eine Zeit, wo das System der Machtausübung (Regierung, Verwaltung, andere Einheiten) an diese Institutionen sozusagen „heranreifen", sich an sie gewöhnen und verstehen würden, daß man sie weder umgehen, noch betrügen könne. Oft stünde das einfach in Verbindung mit dem Wechsel der Generation von Beamten: was für die alten ein Schock und Unglück gewesen sei, sei für ihre jüngeren Nachfolger nur noch ein Teil der normalen Arbeitsbedingungen.

Unabhängig von den echten politischen, gesellschaftlichen und wirtschaftlichen Umständen, die zu der Entscheidung über die Gründung des Amtes des polnischen Ombudsmannes führten, kann man schon heute einleitend dessen Platz in dem System der Institutionen des polnischen Rechtsstaates, wie auch in der heutigen Situation unseres Landes einschätzen. Ich habe schon des öfteren und bei verschiedener Gelegenheit davon gesprochen, daß die sehr hohe Zahl von Klagen, Ansprüchen und Forderungen (wohl hauptsächlich eben Forderungen), auf die der polnische Ombudsmann sofort stieß (in den zwei ersten Jahren waren es etwa 80 000), nicht so sehr das Maß der wirklichen Unumgänglichkeit der Gründung dieser Institution ist, als das Maß der allgemeinen Frustrationen, Erwartunen und Hoffnungen. Unter diesen Erwartungen und Forderungen nahmen Fälle, die mit den grundlegenden, freiheitsbezogenen und politischen Rechten des Einzelnen in Verbindung standen (z.B. Handlungen der Polizei, die Versammlungsfreiheit, die Zensur, Pässe, das Militär usw. usf.) von Anfang an einen geringen Platz ein; jetzt gibt es sie schon fast überhaupt nicht mehr. Es dominierten und dominieren bisher ökonomische, Existenz- und soziale Fragen: Wohnungen, Renten, niedrige Löhne, private Auseinandersetzungen, die Unmöglichkeit des Erwerbs gesuchter Waren und ähnliche Dinge. Einen beachtlichen Teil der Klagen nehmen Gerichtsfragen ein, besonders Rechtsmittel gegen rechtskräftige Urteile (der polnische Ombudsmann hat die Möglichkeit hierzu), wobei hier fast unausweichlich die Fälle rein privater Streitigkeiten dominieren, Prozesse um ein Haus, um Grundbesitz, um Wohnungen, wobei die unterliegende Partei nach allen möglichen Mitteln sucht, um die Entscheidung aufzuheben und zu ihren Gunsten zu entscheiden. (Ich möchte hinzufügen, daß der Ombudsmann Einsprüche in derartigen Fällen äußerst selten erhebt, nur dann, wenn er zu dem Schluß kommt, daß das Recht des Bürgers oder die Würde der Justiz wirklich eindeutig verletzt wurden). Mit einem Wort – um die Sache klar zu formulieren: die Klagen und Forderungen der Bürger unseres Landes, die den Ombudsmann erreichen, verweisen nicht darauf, daß im heutigen Polen die grundlegenden politischen Rechte und Freiheiten der Bürger in besonders hohem Grade verletzt würden. Das sogenannte „menschliche Unrecht" konzentriert sich entschieden auf der ökonomischen, sozialen und existentiellen Ebene. Daher ist auch der polnische Ombudsmann einfach zum Teil ein anderes Organ als andere Ombudsmänner in der Welt. Er glaubt jedoch, daß, wenn in den näher und etwas weiter liegenden Nachbarländern ähnliche Institutionen ins Leben gerufen werden (und das kann man schließlich erwarten, denn die Entwicklung vollzieht sich doch nach ähnlichen Regeln), die Kompetenz solcher Ämter mit gemeinsamen Sorgen deutlich erweitert und daß ein effektiver Austausch von Erfahrungen möglich sein wird.

6. Unlängst, im Januar dieses Jahres, hatte ich die Gelegenheit, vor dem Parlament einen alljährlichen Bericht abzulegen. In Übereinstimmung mit dem geltenden Gesetz soll er auch Bemerkungen über den Stand der Beachtung der Bürgerrechte enthalten. Ich sagte dort u.a., daß die konstitutionelle Anlehnung der Gesellschaftsordnung unseres Staates an das Prinzip der Rechtsherrschaft gewiß sowohl eine große Errungenschaft als auch erst eine Chance ist, denn schließlich entsteht ein Rechtsstaat nicht durch die Änderung einer, wenn auch noch so wichtigen Vorschrift. Der Rechtsstaat ist ein realer Zustand, der vielen unterschiedlichen Voraussetzungen entspricht. Einige davon habe ich oben erwähnt. Man kann auch leicht andere nennen, die sich beispielsweise darauf beziehen, was die Menschen in den Organen der Macht und der Verwaltung beschäftigt, wie die Richter sind, wie die Abgeordneten: schließlich ist es doch oft so, daß ihre rein menschlichen Charaktereigenschaften, ihre Kraft oder Schwäche, ihre Fachkenntnis oder Ignoranz, ihre Arbeitsamkeit oder Faulheit, ihr Idealismus oder Eigennutz über die Gestalt des Staates im Alltag entscheiden, darüber, wie das Gesetz beschlossen und beachtet wird, darüber, wie sich die Bürger in diesem Staat fühlen, letzten Endes darüber, ob dieser Staat wirklich und vertieft ein „Rechtsstaat" ist oder nur flach und scheinbar. Das wußte man schon vor Tausenden Jahren und bis heute hat sich hier nichts verändert.

Schließlich sind die Natur, die Einstellungen der Menschen und ihre Verhaltensweisen jene Elemente, die besonders schwer zu verändern und zu gestalten sind. Daher schließe ich auch meine Bemerkungen mit einer etwas bitteren und paradoxen, aber schließlich realistischen Feststellung ab: Wir haben in Polen eine demokratische Gesellschaftsordnung und eine veränderte Verfassung; wir führen ernsthafte Änderungen in dem geltenden Recht durch; wir haben viele andere Vorschriften, Einrichtungen und Institutionen, die wir haben sollen. Und trotzdem – oder vielleicht eben deshalb – beginnt erst der Weg unseres Landes zur Bildung eines wirklichen Rechtsstaates.

Kazimierz Działocha

DER VERFASSUNGSGERICHTSHOF IN POLEN

Den interessanten und instruktiven Vortrag von Prof. Ewa Łętowska über Polens Weg zum Rechtsstaat will ich in meinem kurzen Beitrag über die Verfassungsgerichtsbarkeit ergänzen.

Der polnische Verfassungsgerichtshof ist eine originelle und – unter rechtssystematischen Gesichtspunkten – eigenartige Institution der Verfassungsgerichtsbarkeit. Unabhängig von den besonderen Umständen seiner Errichtung, die sich z. B. von den historischen Bedingungen unterscheiden, unter denen das deutsche Bundesverfassungsgericht entstanden ist, gehört er aber zur Gruppe der gleichnamigen Institutionen des Verfassungsschutzes, die in anderen Teilen Europas anzutreffen sind. Es wird manchmal angezweifelt, daß unser Gericht ein echtes Verfassungsgericht ist. Dies veranlaßt mich zu einigen grundsätzlichen Bemerkungen zur Gleichartigkeit des polnischen Verfassungsgerichtshofs und der allgemein üblichen Erscheinungsformen der Verfassungsgerichtsbarkeit.

Für die typologische Gleichartigkeit sind folgende Merkmale des polnischen Verfassungsgerichtshofs entscheidend:

1. Der Verfassungsgerichtshof ist ein Verfassungsorgan, wovon vor allem die Festlegung seines Zuständigkeitsbereichs in der Verfassung (Art. 33a Abs. 1–3) zeugt.

2. Seine Funktion ist es, die Rechtmäßigkeit und die individuellen Bürgerrechte zu hüten. Im Rahmen dieser Aufgabenstellung überprüft er die Verfassungsmäßigkeit von Rechtsnormen, indem er sie einer abstrakten oder konkreten Kontrolle unterzieht. Er verfügt also über eine grundlegende und für die Verfassungsgerichtsbarkeit allgemein charakteristische Normenkontrollkompetenz. Als Bezugsrahmen, als Prüfungsmaßstab dient ihm die Verfassung, ihre Normen und Grundsätze. Anders als in der Bundesrepublik, wird jedoch in Polen das überpositive Recht nicht als Prüfungsmaßstab anerkannt.

3. Der Verfassungsgerichtshof ist in seiner Rechtsstellung von den anderen Staatsorganen unabhängig. Seine Richter werden vom Parlament gewählt, sind unabhängig und nur der Verfassung unterworfen (Art. 33a Abs. 4–5 Verf.). Sie unterstehen weder der Dienstaufsicht des Justizministeriums noch der Aufsicht anderer Gerichte. Letztlich ist der Verfassungsgerichtshof nicht einmal

dem Parlament untergeordnet. Die Entscheidungen des Verfassungsgerichtshofs über die Verfassungsmäßigkeit von Gesetzen unterliegen zwar – wie es die Verfassung formuliert – der „Erörterung" im Sejm, aber der Sejm kann eine Entscheidung des Verfassungsgerichtshofs, durch die ein Gesetz für verfassungswidrig erklärt worden ist, nur mit der gleichen qualifizierten Mehrheit zurückweisen, die auch für eine Verfassungsänderung erforderlich ist.

4. Den Entscheidungen des Verfassungsgerichtshofs kommen gegenüber allen Staatsorganen, Gerichten und Verwaltungsbehörden Rechtskraft und eine grundsätzlich endgültige Bindungswirkung zu. Beseitigen lassen sich diese Wirkungen lediglich auf dem Wege einer legalen Verfassungsänderung, weil die Verfassung die Grundlage für alle Entscheidungen des Verfassungsgerichtshofs bildet. Dies gilt auch – wie bereits ausgeführt – für Entscheidungen über die Verfassungsmäßigkeit von Gesetzen.

5. Der Verfassungsgerichtshof verfügt über ein hohes Maß an Autonomie. Er hat das Recht, seine Geschäftsordnung zu verabschieden, die Struktur seines Sekretariats (Büros) zu bestimmen, sein Personal anzustellen und zu entlassen. Der Verfassungsgerichtshof stellt seinen Haushalt selbst auf.

In wesentlichen Einzelheiten seiner Rechtsstellung, Zuständigkeit und Verfahrensweise unterscheidet sich der polnische Verfassungsgerichtshof von den Verfassungsgerichten anderer Länder und stellt somit eine eigenartige, originelle Lösung im Rahmen der Gerichtsbarkeit dar. Es wäre aber trotzdem verfehlt, diese Unterschiede zu überschätzen und seine modellhafte Übereinstimmung mit der Verfassungsgerichtsbarkeit in Europa zu übersehen.

Auf eine genauere Darstellung der Rechtsstellung und der Zuständigkeiten des Verfassungsgerichtshofs so wie der bisherigen vierjährigen Tätigkeit des VerfGHs muß aber aus Zeitgründen verzichtet werden. Ich will hier nur hinzufügen, daß die positiven Auswirkungen der Verfassungsgerichtsbarkeit auf dem Gebiet der Bürgerrechte dazu geführt haben, daß der Zugang zum Verfassungsgerichtshof immer leichter wird und der Kreis der Antragsberechtigten, die ein Verfahren vor dem Verfassungsgerichtshof einzuleiten befugt sind, ständig größer geworden ist. Im Mai 1989 hat das Gesetz über den Schutz der Gewissens- und Glaubensfreiheit die Antragsbefugnis auch den Kirchen und Religinsgemeinschaften zugesprochen.

Nach der Novellierung des Gerichtsverfassungsgesetzes vom Dezember 1989 sind die Gerichte II. Instanz berechtigt, sich an den VerfGH mit den Rechtsfragen zu wenden, welches Recht bis jetzt nur den Vorsitzenden des Hauptverwaltungsgerichts und des Obersten Gerichts zustand.

Infolge der Auflösung des Staatsrats durch die Verfassungsnovelle vom April 1989 hat der Verfassungsgerichtshof die frühere Zuständigkeit des Staatsrats zur allgemeinverbindlichen Auslegung der Gesetze übernommen und wird diese Befugnis im nicht-streitigen Verfahren auf Antrag bestimmter Organe, u.a. des

Ombudsmannes wahrnehmen. Weitere Gesetzesänderungen, die den Zuständigkeitsbereich des Verfassungsgerichtshofs erweitern sollen, befinden sich in der Vorbereitung. Es geht u.a. um Kompetenz zur Überprüfung einer Verfassungsbeschwerde.

Die erwarteten Veränderungen stehen in Zusammenhang mit den aufgenommenen Arbeiten an der neuen Verfassung, die spätestens im Jahre 1991 beschlossen sein soll.

Horst-Dieter Kittke

ABBAU DER DEFIZITE BEIM SCHUTZ DES BÜRGERS VOR DER STAATSGEWALT IN DER DDR

I. Einleitung

Als ich im vorigen Jahr gebeten wurde, diesen Vortrag zu übernehmen, war noch nicht zu übersehen, welche Dynamik die Entwicklung in der DDR nehmen würde und inzwischen genommen hat. Zwar sprach auch in der DDR nach den Ereignissen des Oktober und November 1989 niemand mehr davon, daß es eines besonderen Schutzes des Bürgers vor der Staatsgewalt nicht bedürfe, weil die Staatsgewalt ja im Interesse des Bürgers und durch den Bürger im Sinne des verfassungsrechtlichen „Arbeite mit, plane mit, regiere mit!“[1] ausgeübt werde; unklar war jedoch noch der Umfang der Macht-Usurpation durch die SED und ihre Führungsschicht. Unklar war und ist es bis heute, in welche Richtung im Detail und mit welchem Tempo die Entwicklung zu gehen hat. Klarheit wird hier erst nach den Wahlen vom 18. März 1990 zu erwarten sein.

Damit aber stellt sich für den Referenten das Problem, hier nur einen Zwischenbericht geben zu können, einen lückenhaften zudem, da nur einige Punkte aus der umfangreichen und vielgestaltigen Diskussion in der DDR herausgegriffen werden können. Zur Lückenfüllung muß ich daher schon jetzt auf die Diskussion verweisen in der Hoffnung, daß gerade auch die Kolleginnen und Kollegen aus der DDR und aus Polen sich ergänzend, berichtigend und vergleichend zu Wort melden.

Eine wissenschaftliche Darstellung des Abbaus von Defiziten setzt deren Beschreibung voraus. Ich hoffe auf ihr Verständnis, wenn ich mir dies erspare, zumal sie weitgehend bekannt sind. Sie werden inzident ohnehin aus den einzelnen Punkten meiner notgedrungen holzschnittartigen Darstellung ersichtlich.

II. Politisches Strafrecht und Strafverfahren

Erfreulich und eindeutig ist die Entwicklung auf dem Gebiet des politischen Strafrechts und des Strafverfahrens. Die hier im Laufe der Jahre eingeführten

[1] Art. 21 Abs. 1 DDR-Verfassung von 1968/1974.

und immer wieder verschärften und erweiterten Bestimmungen des politischen Strafrechts, die in ihrer tatbestandlichen Unklarheit und wegen der sich gegenseitig überlappenden Tatbestände nahezu jedes mißliebige Verhalten erfaßten, werden schon heute nicht mehr angewandt. Der Volkskammer und dem Runden Tisch liegt ein Entwurf des Justizministeriums der DDR zur Aufhebung oder Neufassung der einschlägigen Kapitel des Strafgesetzbuches vor.[2] Vorreiter waren hier die DDR-Rechtsanwälte, die in ihrer Erklärung vom 25. Oktober 1989[3] ein Strafrecht gefordert hatten, das sich auf „wirklich kriminelles Verhalten konzentriert . . . Insbesondere bedürfen nach unserer Auffassung die Kapitel ‚Staatsverbrechen' und ‚Straftaten gegen die staatliche Ordnung' der Überarbeitung".[4] Die durch Urteil des Präsidiums des Obersten Gerichts vom 5. Januar 1990[5] ausgesprochene Rehabilitierung Walter Jankas und anderer erweckt zusammen mit dem Wissen um die Arbeit an einem umfassenden Rehabilitierungsgesetz Hoffnungen auf eine angemessene Entschädigung aller derjenigen, die auf der Grundlage rechtsstaatswidriger Strafbestimmungen oder in einem rechtsstaatswidrigen Verfahren verurteilt, inhaftiert und mißhandelt wurden. Nach einer Meldung von ADN werden gegenwärtig 17 weitere Rehabilitierungsverfahren durchgeführt; falls man bis in die 50er Jahre zurückgehe, müsse nach vorsichtiger Schätzung mit 40 000 bis 60 000 solcher Verfahren gerechnet werden.[6]

Auch im Strafverfahrensrecht zeichnen sich Änderungen ab; sie gehen auf konzeptionelle Überlegungen zurück, die überwiegend schon vor der Wende in der DDR-Rechtswissenschaft diskutiert wurden. Zu nennen ist hier in erster Linie die Stärkung der Strafverteidigung, die – jedenfalls in politischen Sachen – bislang in vielfältiger Weise behindert war. Insbesondere das Ministerium für Staatssicherheit spielte hier eine verhängnisvolle Rolle, beginnend bei den ersten Vernehmungen und der Verhaftung, über Auswahl und „Anleitung" des Verteidigers bis hin schließlich zum Strafvollzug und der vom ehemaligen Präsidenten des Obersten Gerichts, Sarge, vor der Volkskammer bekundeten Aufbewahrung der Gerichtsakten in den Archiven der Staatssicherheit. Die Hilflosigkeit des politischen Häftlings und seines Verteidigers offenbarten sich hingegen exemplarisch in dem Umstand, daß ihnen Anklageschrift und Urteil kurzzeitig zur Lektüre gegeben, nicht aber in Abschrift ausgehändigt wurden; schon unter diesem Aspekt war eine sinnvolle Verteidigung schlechterdings ausgeschlossen.

Ein anderer Aspekt des Strafverfahrens ist die viel zu häufige Anordnung der Untersuchungshaft. Hier hat das Oberste Gericht bereits erste Schritte un-

---

[2] Karl Wünsche: Reform des Rechts im Zeichen der Erneuerung, Regierungspressedienst Nr. 2 vom 30.1.1990, 4.

[3] Neues Deutschland vom 27.10.1989.

[4] a.a.O. wie Fußnote 3.

[5] Neue Justiz 1990, 50ff.

[6] Neues Deutschland vom 25.1.1990, 2.

ternommen, um ihre Anordnung in der Häufigkeit zu reduzieren. Weitere werden folgen müssen, aber nicht nur hier. Auch die Strafhöhe insgesamt wird zu überprüfen sein, drakonische Strafen mit Freiheitsentzug werden auf ein normales Maß zurückzuführen sein.

III. Richter und Rechtsprechung

Auch beim Kapitel „Richter und Rechtsprechung" sollte der westliche Berichterstatter sich zurückhalten, da es hier um Probleme geht, die die DDR-Justiz selbst bereinigen muß.

Die Entwicklung kulminierte in dem am Runden Tisch gescheiterten Versuch, noch vor der Volkskammerwahl ein Richtergesetz verabschieden zu lassen und die bislang nur für begrenzte Zeit gewählten Richter auf Lebenszeit zu übernehmen. So wichtig die personelle Integrität der weiter zu beschäftigenden Richter auch ist, wir sollten nicht vergessen, daß es nicht unbedingt persönliches Verdienst sein muß, wenn einem Richter z. B. der Erlaß politischer Strafurteile erspart blieb.

Wichtig ist vor allem die Verwirklichung richterlicher, sachlicher Unabhängigkeit und des Grundsatzes des gesetzlichen Richters. An letzterem fehlt es, wenn nach bisherigem Gerichtsverfassungsrecht der Direktor des jeweiligen Gerichts anstelle des eigentlich berufenen Richters tätig werden und das Verfahren an sich ziehen kann. Und sachliche Unabhängigkeit, Weisungsfreiheit bestand nicht nur nicht in politischen Strafsachen, sondern auch sonst nicht. Ich verweise hier immer gern auf ein Urteil des Kreisgerichts Teterow aus dem Jahre 1973, das in Zusammenhang mit Verhandlungen zwischen der Bundesrepublik Deutschland über den Transfer von Unterhaltszahlungen nahezu aus heiterem Himmel der bis dahin eindeutigen und ständigen Rechtsprechung des Obersten Gerichts seit den Jahren 1957/58 widersprach, wonach Minderjährige, die die DDR z.B. mit einem Elternteil ohne Genehmigung der dortigen Behörden verlassen haben, von dem in der DDR verbliebenen Elternteil keinen Unterhalt verlangen können. Es ist unvorstellbar, daß dieses Gericht in der Provinz aus eigenem Antrieb und nicht auf höhere Einflußnahme gehandelt haben könnte.

In diesen Problemen liegen denn auch die Ursachen dafür, daß, wie Justizminister Wünsche kürzlich vor der Volkskammer der DDR berichtete, sich unbegründete Angriffe auf Richter und Schöffen häuften und gerichtliche Entscheidungen teilweise nicht mehr akzeptiert würden. Wie sollen sie auch, wenn sich die Rechtsprechung bis vor kurzem noch hinter „geheimen Rechtsprechungsanweisungen", hinter nur einem ausgewählten Kreis zugänglichen „OG-Informationen" versteckte und ihre Urteile vor der Öffentlichkeit geheim hielt? Ein weiteres anschauliches Beispiel hierfür ist auch die sog. Schmerzensgeldtabelle der Staatlichen Versicherung der DDR, die angeblich auf der Rechtsprechung beruht, aber weder Richter noch Schädiger oder Geschädigtem zugänglich ist.

IV. Eingaberecht

Nach Art. 103 der noch geltenden DDR-Verfassung von 1968/74 kann sich jeder Bürger mit Eingaben, also Vorschlägen, Hinweisen, Anliegen oder Beschwerden, an die Volksvertretungen, die Abgeordneten oder die staatlichen und wirtschaftlichen Organe wenden, mit anderen Worten, der rechtsuchende Bürger „macht eine Eingabe".

Im Gegensatz zu allen bisherigen Bekundungen in der Literatur der DDR findet sich im Januar-Heft der Zeitschrift „Neue Justiz"[7] ein Leserbrief mit der Überschrift: „Die Eingabe ist nicht die höchste Form sozialistischer Demokratie!". In der Tat, das Eingaberecht konnte in der DDR nur deshalb einen so hohen Stellenwert erlangen, weil es als Ersatz für fehlende formelle Rechtsschutzmöglichkeiten dienen mußte. Der Bürger wurde dabei jedoch in die Rolle des Bittstellers, des Petenten, gedrängt, dem lediglich ein Anspruch auf Befassung mit der Sache, nicht aber auf eine bestimmte Entscheidung in der Sache selbst zugebilligt wurde. Anders gesagt, je eher und je umfangreicher Rechtsschutz in einem formalisierten gerichtlichen Verfahren durch persönlich und sachlich unabhängige Richter gewährt wird, desto geringer wird der Bedarf an einer Petitionsmöglichkeit als Rechtsmittelersatz.

V. Verwaltungsverfahren

In der DDR gibt es bisher keine allgemeine Regelung des Verwaltungsverfahrens, so wie wir sie in der Bundesrepublik Deutschland ja auch erst in gesetzlicher Form seit 1976 kennen. Soweit nicht verfahrensrechtliche Bestimmungen in Einzelgesetzen enthalten sind, ist die Verwaltungsbehörde „Herr des Verfahrens", da Verwaltungsentscheidungen auch im Instanzenzuge nur dann anfechtbar sind, wenn ein besonderes Beschwerderecht spezialgesetzlich eröffnet wurde.[8]

An einem Verwaltungsverfahrensgesetz wird in der DDR schon seit längerem und seit den Ereignissen des letzten Jahres wohl verstärkt gearbeitet. Es ist zu hoffen, daß diese Arbeiten bald abgeschlossen werden können.

---

[7] Neue Justiz 1990, 40.

[8] Horst-Dieter Kittke: Zum Verwaltungshandeln in der DDR, in: Recht, Wirtschaft, Politik im geteilten Deutschland, Festschrift für Siegfried Mampel, Köln–Berlin–Bonn–München, 157 ff.

VI. Verwaltungsgerichtlicher Rechtsschutz

Nach Einführung der Verwaltungsgerichtsbarkeit in Polen konnten sich der polnischen Sprache nicht mächtige Juristen in der DDR über die Entwicklung in Polen nur dann informieren, wenn sie einen Schlüssel zum „Giftkabinett" besaßen und die in Berlin (West) erscheinende Fachzeitschrift „Recht in Ost und West" (ROW) lesen durften. Es war Janusz Łętowski, der hierüber im Novemberheft 1981 berichtete.[9] Daß in Polen trotz der damaligen schwierigen Situation beim Schutz der Bürgerrechte etwas in Bewegung geraten war, erfuhr der theoretisch interessierte DDR-Jurist aus den DDR-Medien dann erst 1982 durch die Lektüre der Zeitschrift „Staat und Recht" – allerdings negativ, dies könne eben nicht der Weg für die DDR sein, da diese doch die beste aller Welten sei.[10]

Dabei lag der Gedanke an eine Verwaltungsgerichtsbarkeit auch in der DDR zeitlich nicht so fern, wenn er auch 1981/82 noch undenkbar schien. Zur Erinnerung braucht nicht einmal auf die Verwaltungsgerichtsbarkeit in einzelnen Ländern der Sowjetischen Besatzungszone (SBZ) nach Ende des 2. Weltkrieges zurückgegriffen zu werden. Noch 1957 hatte das damals erschienene Verwaltungsrechtslehrbuch[11] eine Prüfung angeregt, ob im Zuge der weiteren Entfaltung der Demokratie bei Entscheidungen über Verwaltungsstreitigkeiten nicht in stärkerem Maße als bisher der Zivilrechtsweg und zwar insbesondere bei Vermögensansprüchen von Bürgern gegenüber staatlichen Verwaltungsorganen für zulässig erklärt werden sollte.

Was 1981/82 als undenkbar erschien, wurde jedoch schon gedacht und alsbald auch publiziert – wenn auch an versteckter Stelle: Wolfgang Bernet von der Friedrich-Schiller-Universität Jena formulierte in einer Gemeinschaftsarbeit der Juristischen Fakultäten Jena und Tiflis die Frage nach der gerichtlichen Nachprüfbarkeit von Verwaltungsakten für die DDR, wobei er sich schon damals öffentlich und bitter darüber beklagte, daß das, was nicht in die aktuelle Konzeption passe, auch nicht veröffentlicht werden dürfe:

„Wir leben im freundschaftlichen Verbund mit den RGW-Staaten. Das schließt ein, daß wir deren Konzeptionen nicht schematisch übernehmen. Sie handeln ja richtigerweise auch nicht so. Aber zur Kenntnis nehmen muß man doch wenigstens Ergebnisse vom sozialistischen Nachbarn".[12]

---

9 Recht in Ost und West, 1981, 241 ff.

10 Pohl/Schulze: Die Verantwortung der Organe des Staatsapparates für die Verwirklichung der Rechte und Pflichten des Bürgers, Staat und Recht 1982, 608 (hier 614, 616 f.).

11 Bönninger/Hochbaum/Lekschas/Schulze: Das Verwaltungsrecht der Deutschen Demokratischen Republik, Allgemeiner Teil, Berlin (Ost) 1957, 319.

12 Bernet: Gerichtliche Nachprüfbarkeit von Verwaltungsakten für die DDR, Bürger im sozialistischen Recht, Friedrich-Schiller-Universität, Jena 1983, 48 (hier 49).

Aber Bernet stellte nicht nur die Frage nach der gerichtlichen Nachprüfbarkeit von Verwaltungsakten für die DDR, er beantwortete sie auch positiv und entwarf zugleich schon damals die Grundzüge der Regelung, die durch das Gesetz über die Zuständigkeit und das Verfahren der Gerichte zur Nachprüfung von Verwaltungsentscheidungen[13] am 1. Juli 1989 in Kraft getreten ist.

Was 1982/83 noch nicht hätte gedacht werden sollen, erlangte 1988 nahezu blitzartig Gesetzeskraft und schien damit die Reformfähigkeit des Regimes zu beweisen, obwohl es aus heutiger Sicht eher ein verzweifeltes Bemühen gewesen sein dürfte, dem Verhältnis Bürger–Staat unter dem Druck der internationalen Entwicklung einige Schärfen zu nehmen. Zu spät kam auch dieses, denn die eingetretene Zerrüttung war schon unheilbar, und gegen Fälschungen von Kommunalwahlergebnissen boten auch die an den Kreisgerichten neu aufgebauten Kammern für Verwaltungsrecht keinen Rechtsschutz.

Was dem SED-Regime mühsam abgerungen wurde, entspricht den heutigen Erfordernissen schon längst nicht mehr. In Polen wird man wohl noch in diesem Jahr von der Enumeration verwaltungsgerichtlicher Zuständigkeiten zu einer Generalklausel kommen. Ähnliches liegt auch für die DDR nicht mehr außer Reichweite. Die organisatorische Zuordnung richterlicher Spruchkörper – so wichtig sie im einzelnen sein mag – soll hier vernachlässigt werden, wichtiger scheint mir die Gewährleistung effektiven Verwaltungsrechtsschutzes zu sein. Hieran fehlt es in der bisherigen Regelung noch unter verschiedenen Gesichtspunkten:

Der Bürger kann bis heute bestimmte Entscheidungen staatlicher Organe nur anfechten, er kann keine Verpflichtungs- oder Feststellungsklage erheben, ja er kann eine staatliche Tätigkeit nicht einmal mit einer Untätigkeitsklage erzwingen. Er erhebt eben nach der bisherigen Konzeption keine Klage gegen eine Verwaltungsbehörde oder den hinter ihr stehenden Staat, sondern beantragt lediglich eine gerichtliche Nachprüfung der Verwaltungsentscheidung.[14]

Über den verwaltungsgerichtlichen Rechtsschutz sind auch Fragen des allgemeinen Verwaltungsrechts, z.B. die Ermessensproblematik, wieder in den Blickpunkt wissenschaftlicher Diskussion gelangt. Hieraus wird eine stärkere Strukturierung des allgemeinen Verwaltungsrechts folgen und im Zusammenhang mit der geplanten Kodifikation des Verwaltungsverfahrens auch dessen Verrechtlichung und damit ein entscheidendes Mehr an Rechtssicherheit für den Bürger. Immerhin hat auch in der Bundesrepublik Deutschland erst die Einführung vollen verwaltungsgerichtlichen Rechtsschutzes zu der erreichten dogmatischen Differenzierung des Verwaltungsrechts geführt.

---

[13] vom 14.12.1988 (GBl. I 327).

[14] Kittke/Rieger: Zur (Wieder-)Einführung einer Verwaltungsgerichtsbarkeit in der DDR, Deutschland Archiv 1989, 174 ff.

VII. Ombudsmann und Verfassungsgerichtsbarkeit

Soweit ich sehe, hat sich in der DDR bislang keine Stimme für die Einrichtung des Amtes eines Bürgerrechtsbeauftragten, eines Ombudsmannes, erhoben, wie er z.B. in Polen neben Verwaltungs- und Verfassungsgerichtsbarkeit existiert.

Anders steht es mit der Einführung einer gerichtlichen Verfassungskontrolle. Schöneburg sprach schon im September 1989 von der Verfassungsrechtsverletzung als dem verbreitetsten Kavaliersdelikt der DDR-Gesellschaft, wo keine Reaktion, keine Ahndung erfolge. Über Zweifel an der Verfassungsmäßigkeit von Rechtsvorschriften hat bislang allein die Volkskammer – bis 1974 der Staatsrat – zu entscheiden. Solche Zweifel sind allerdings – soweit ersichtlich – bisher nicht aufgetreten. In der Diskussion[15] wird jetzt von zwölf integren Persönlichkeiten gesprochen, die mindestens vierzig Jahre alt sein, gleichermaßen aus der Justiz, der Anwaltschaft, den Wirtschaftsjuristen und der Wissenschaft kommen, jede der in der Volkskammer vertretenen Fraktionen repräsentieren und zudem auch noch fest auf dem Boden der sozialistischen Gesellschaftsordnung (sic!) stehen sollen!

Für unser Thema bedeutsam ist, daß auch dem Bürger die Möglichkeit zugebilligt werden soll, wegen der Verletzung verfassungsmäßiger Grundrechte Verfassungsbeschwerde einzulegen, kurzum, man kann wohl nicht von ungefähr sagen, daß die Verfassungsgerichtsbarkeit der Bundesrepublik Deutschland kopiert werden könnte.

VIII. Ausblick

Ich habe viele Einzelpunkte der Rechtsentwicklung in der DDR außer Betracht lassen müssen, die das Verhältnis Staat–Bürger gleichermaßen betreffen. Hierfür bitte ich noch einmal um Nachsicht.

Mein Fazit ist jedoch rundherum erfreulich. Nur, man muß der DDR und ihren Menschen Zeit lassen, diese Entwicklung selbst voranzutreiben und zu vollenden.

Die in der DDR weit verbreitete Angst vor der Zukunft, auch vor einer ungezügelten Freiheit, muß mit Augenmaß, mit Geduld und mit Verständnis abgebaut werden. Nicht die pauschale Übernahme der Rechtsordnung der Bundesrepublik Deutschland kann deshalb der Weg der Wahl sein. Vonnöten ist eine behutsame Angleichung beider deutscher Rechtsordnungen, bei der auch wir uns in der Bundesrepublik Deutschland bei jedem Schritt überlegen sollten, ob nicht in der DDR auch diskutable Problemlösungen gefunden wurden.

---

[15] Kellner, Neue Justiz 1990, 26.

IV. Kultur

Andrzej Sakson

KULTURELLE FREIHEIT IN POLEN

„In meinem Vaterland, im Osten Europas,
zwischen Steppe und den Ruinen Roms".
(Czesław Miłosz „Der Baum")

I. Werte und Regeln der polnischen Kultur

Die polnische Kultur ist in verschiedenen Traditionen und Weltanschauungen verwurzelt und zeichnet sich durch eine Mannigfaltigkeit von Formen und Stilen aus. Sie entfaltete und entfaltet sich unter den Bedingungen des Zusammentreffens verschiedener ideologischer Strömungen. Das starke Empfinden der eigenen kulturellen Identität der Polen war einer der wesentlichen Faktoren, der es dem polnischen Volk erlaubte, den Zeitraum der 120-jährigen Teilung (von 1795 bis 1918) sowie die Jahre der Ausrottungspolitik der nationalsozialistischen und stalinistischen Okkupanten in den Jahren des zweiten Weltkrieges zu überdauern.[1]

Eines der wesentlichsten Elemente, aus denen sich die polnische nationale Kultur zusammensetzt, ist der stark verwurzelte Sinn für Freiheit und die eigene kulturelle Identität. Weitere, das traditionelle Wertesystem des polnischen Volkes gestaltende Elemente waren:

– eine starke Bindung an die katholische Religion sowie kirchliche Institutionen, die während der langen Zeit der Unfreiheit oft die einzigen Stätten waren, die das polnische Nationalbewußtsein pflegten und förderten. Oftmals deckte sich der Kampf gegen das Polentum mit der konfessionellen Anders-

---

[1] Sowohl deutsche als auch sowjetische Repressionen waren vor allem gegen die Elite des Volkes gerichtet, umfaßten also die obere Schicht der Intelligenz. In den Jahren 1939–1945 kamen ungefähr 30 000 (37,5%) der Absolventen von Hochschulen um, unter 2 460 wissenschaftlichen Angestellten gaben 29,5% ihr Leben hin sowie 75 000 (30%) mit höherer Schulbildung. Vgl. K. Kersten: Narodziny systemu władzy (Die Geburt eines Herrschersystems), Warszawa 1983.

artigkeit der Teilungsmächte (dem protestantischen Preußen und dem orthodoxen Rußland),

- gemeinsame historische Schicksale und Lebenserfahrungen, gewonnen aus dem Zusammenleben mit anderen, in einem gemeinsamen polnischen staatlichen Organismus lebenden Völkern (Litauen, Weißrussen, Ukrainer, Deutschen), die auf die Zeit der polnisch-litauischen Union und das polnische Großreich zurückgehen, haben in der Idee der Gleichheit verschiedener Nationen ihren Ausdruck gefunden. Die Ohnmacht gegenüber der Teilung Polens und die Abwehrmaßnahmen der nationalen Ideologie führten später zu dem Glauben an eine besondere nationale Sendung Polens,
- die religiöse Toleranz gehörte immer zum festen Bestandteil des polnischen Wertesystems,
- die große Bedeutung, die der Bildung in der polnsichen Gesellschaft entgegengebracht wird, geht vor allem auf die Genealogie der polnischen Intelligenz und ihre nationale Führungsrolle zurück,
- und schließlich ist in diesem Zusammenhang auf die außergeöhnliche Bedeutung der persönlichen Ehre und Individualität hinzuweisen, die ihre Wurzeln im Ehrbewußtsein der Adelskultur haben und von der Intelligenz als wesentliche Unterscheidungsmerkmale anderen Schichten gegenüber übernommen wurden.[2]

In Bezug auf diese traditionellen Werte des polnischen Volkes und der Kultur schreibt Jan Szczepański zusammenfassend: „Thus, in the traditional set of cultural values making up the foundations of the Polish way of life of the higher classes, faith, honor, freedom and intellectual or artistic excellence were more valued than the set of middle values – such as the prestige of work and work achievement, thrift, frugality, respect for money, technological skills, sense of organization, and admiration for succes in business – which led to the greatness of the Western democracies. For Poles, the consequence of this set of values was a lack of experience on organized cooperation and in the collective solution of common problems, in its stead there was a credo of individualism".[3]

---

[2] Vgl. J. Szczepański: Polish Society, New York, 1970; J.F. Morrison: The Polish People Republic, Baltimor 1968; F. Golczewski, W. Reschka: Gegenwartsgesellschaften: Polen, Stuttgart 1982; G. Chałasiński: Przeszłość i przyszłość inteligencji polskiej (Vergangenheit und Zukunft der polnischen Intelligenz), Warszawa 1958; A. Sakson; Socjologia zachowań politycznych (Die Soziologie des politischen Verhaltens), Olsztyn 1984.

[3] J. Szczepański: Polish Society, a.a.O., S. 150.

II. Kultur und der stalinistische Totalitarismus

Im Jahre 1945 wurde das historisch gestaltete Wertesystem der polnischen Gesellschaft mit dem totalitären kommunistischen System konfrontiert. Das Polen gewaltsam aufgezwungene herrschende System, die sogenannte Diktatur des Proletariats, übergab das Volk in die Hände einer Regierung, die – nach eigener Definition – ein Zwangsapparat war. Ziel dieses Apparates war die Liquidierung des Widerstandes gegenüber der Ideologie des sog. wissenschaftlichen Sozialismus und einer neuen, sozialistischen kulturellen Formation. In einem so gestalteten System ist, ähnlich wie in anderen totalitären Systemen, das Ziel der kulturellen Politik die Benutzung von Literatur und Kunst als Werkzeug, um das Volk entsprechend zu lenken. Die Kulturpolitik wurde besonders in der stalinistischen Zeit (in den Jahren 1949–1956) zum Werk der Propaganda, die danach strebte, den Menschen der totalitären Herrschaft unterzuordnen. Vorausgesetzt wurde, daß die Kultur dem Aufbau einer mystifizierten Wirklichkeit diene. Auf diese Weise wurde Anfang der fünfziger Jahre als einzige erlaubte Richtung in der Kunst der sozialistische Realismus vorgeschrieben. Obwohl dieser in Polen, im Gegensatz zu anderen Staaten des „realen Sozialismus", in denen er viel länger bestand, lediglich bis zum Jahre 1956 verbindlich war, stützte sich auch die spätere kulturelle Politik auf eine mal strengere, mal gemilderte Kontrolle über die Verbreitung der Kultur. Druckereien, Verlage und Bibliotheken, der größte Teil der Zeitschriften, Radio und Fernsehen, Lichtspielhäuser und Theater wurden verstaatlicht. Eine zusätzliche Beschränkung stellte die Präventivzensur dar.

Eine für die Kulturpolitik der Kommunisten in den ersten Jahren nach Beendigung des zweiten Weltkrieges besonders charakteristisches Merkmal war die Disproportion ihrer Erfolge gegenüber all dem, was sie damals den Kulturschaffenden anzubieten vermochten, wie gleichfalls gegenüber Erfolgen auf anderen Gebieten. Hier kann man eine gewisse charakteristische Gesetzmäßigkeit bemerken. Die größten Erfolge errangen die Kommunisten auf dem Gebiet der Kultur in den vierziger und fünfziger Jahren, in einer Zeit also, in der sie die polnische Kultur am meisten unterdrückten. Im Verlauf der Jahre, als eine deutlichere Liberalisierung des gesellschaftlichen Lebens eintrat, begann (nach 1956 und 1968) eine schrittweise, später (besonders nach 1975 und 1980) eine immer sichtbarer werdende Trennung der kulturellen Zentren von der kommunistischen Ideologie und der durch diese aufgestellten Maßstäbe der „sozialistischen Kultur". Schrittweise wurde das Monopol des kulturellen Lebens durchbrochen und es breiteten sich Zonen der Freiheit aus. Es gab viele Ursachen, die dazu führten, daß manche Kulturschaffende von der kommunistischen Ideologie fasziniert waren.[4]

---

[4] Ende der vierziger und zu Beginn der fünfziger Jahre unterlagen viele, bisher mit dem Unterdrücker nicht verbundenen berühmte Kulturschaffende einer spezifischen „Er-

Die Machtübernahme Hitlers und seine Erfolge trugen zu einer Verbreitung der Überzeugung über die Krise in der sich auf traditionelle Werte des Mittelmeerraumes stützenden europäischen Kultur bei und das kommunistische Angebot war wohl damals die einzige Idee, eine Hoffnung zu finden für eine solche Erweckung der Welt, die diese in Zukunft vor der Möglichkeit einer Wiederholung der Entartung der europäischen Kultur sichern würde, zu der es in der Zeit des Dritten Reiches kam.

Nach der Beendigung des zweiten Weltkrieges war Polen das Land, in dem es zweifellos die meisten Gründe gab, um am Sinn der traditionellen Vorkriegsordnung zu zweifeln. Den Abrechnungen der Intelligenz mit der vergangenen Welt kam die Politik der Kommunisten entgegen, die neben der Unterdrückung der Opposition zur Nationalisierung der Industrie übergingen, die landwirtschaftliche Reformen durchführten, die in einem bisher nicht gekannten Ausmaß Bildung und Kultur verbreiteten und damit den Menschen aus den sozialen Niederungen des Lebens derartige Aufstiegsmöglichkeiten schufen, von denen ganze Generationen der polnischen Intelligenz nur träumten. Der Krieg sowie die Verschiebung der Staatsgrenzen verursachten eine Massenverlagerung der Bevölkerung sowie die Zerschlagung der Intelligenz und als ihre Folge eine Entwurzelung von vielen Zehntausenden von Menschen aus ihrer heimatlichen Umgebung. Viele polnische Kulturschaffende fanden sich außerhalb der Landesgrenzen. Unter der polnischen Intelligenz, den Kulturschaffenden, können drei grundlegende Haltungen dem nach 1945 erstandenen neuen politischen System gegenüber unterschieden werden. Man kann diese einteilen in die Begriffe „unbeugsam", „oppositionell" und „defätistisch". Ausgangspunkt einer jeden war die Beurteilung der internationalen Situation und die aus jener Beurteilung entspringenden Perspektiven für Polen. Daraus erwuchsen die sich im Laufe der Zeit verändernden Proportionen unter ihnen.

1. Die „unbeugsame" Haltung war in Polen verhältnismäßig schwach, sie trat in erster Linie unter der Emigration auf. Sie stützte sich vor allem auf die Überzeugung von einem früh auftretenden bewaffneten Konflikt zwischen der UdSSR und der westlichen Welt wie auch auf die Unmöglichkeit eines Kompromisses mit den Kommunisten.

stickung" durch derer Ideen. Die berühmte Schriftstellerin Maria Dąbrowska schrieb in der Zeitung „Życie Warszawy" einen Stalin gewidmeten Nachruf. Antoni Słonimski besang in einem Gedicht die Klugheit Bolesław Bieruts. Czesław Miłosz, Ksawery Pruszyński, Tadeusz Breza und Julian Przyboś erklärten sich einverstanden, die Rollen von diplomatischen Vertretern der Warschauer Regierung zu übernehmen, die unter Bruch der Beschlüsse der Konferenz von Jalta zur Macht gelangte. Leszek Kołakowski schrieb antireligiöse Agitationen und Xawery Dunikowski meißelte das Denkmal Lenins. Vgl. J. Walc: O sposobach użycia nie użytej kultury in: 40 lat władzy kommunistycznej w Polsce (Über die Arten der Anwendung nicht angewandter Kultur: in 40 Jahren kommunistische Herrschaft in Polen), Eine Gemeinschaftsarbeit unter der Redaktion von J. Lasota, London 1986, S. 110–111; B. Fijalkowska: Polityka i twórcy (1948–1959), (Politik und Schöpfer (1948–1959)), Warszawa 1985.

2. Die „oppositionelle" Haltung stützte sich auf die Abneigung gegenüber dem Jalta-Abkommen. Diese Strömung verband – um es allgemein auszudrücken – den politischen Kompromiß und den Kampf um die innere Souveränität sowie die Erhaltung des Pluralismus miteinander. Sie besaß viele Varianten, abhängig von der Proportion zwischen Kompromiß und dem Willen, sich den Bestrebungen einer Monopolisierung der regierenden Organe zu widersetzen, wie auch der Unterschiede in der Auffassung der Grenzen des Kompormisses und des Bereichs, wie auch dem Charakter des Widerstandes. Diese Strömung besaß verschiedene Ausmaße, das politische, berufliche, kulturelle, konfessionelle und das des täglichen Lebens.

3. Die „defätistische" Haltung stellt den Gegensatz zur „unbeugsamen" Strömung dar. Zu ihr gehörten jene Kreise und Personen, die fast von Anfang an der Überzeugung waren, daß der Wille Stalins und später der kommunistischen Partei für die Erringung von Freiheit und Unabhängigkeit, sowohl auf innerer als auch internationaler Ebene, enge Grenzen setzten. Sie waren auch überzeugt, daß der Versuch, den Kommunisten ihre dominierende Position streitig zu machen, mit dem Verlust des sowieso hinkenden Staatswesens und der erkämpften kulturellen Freiheiten drohen würde.[5]

Der im Jahre 1956 in Polen begonnene Prozeß der Entstalinisierung des politischen Lebens verursachte eine schrittweise Entfernung immer größerer Kreise der Kulturschaffenden von der Bindung an das kommunistische Weltbild. Im polnischen gesellschaftlichen Leben wurde die Kultur immer allgemeiner als wesentlichstes Bollwerk der sozialen Selbstverteidigung, als Feld der Erhaltung der Unabhängigkeit von den kommunistischen herrschenden Organen angesehen.

Am schnellsten, denn bereits im Jahre 1956, erlangte die polnische Kultur ihre Autonomie auf dem Gebiet der Ausdrucksmittel sowie der gesellschaftlichen Kritik. Viele Jahre mußten vergehen, ehe Kulturschaffende das staatliche Monopol auf dem Gebiet der Ideologie durchbrachen.

Am leichtesten resignierte der Staat auf die offizielle Politik in der Ästhetik, dem sog. „sozialistischen Realismus". Dies zeigte sich bald sowohl in der Literatur, im Film, Theater, der bildenden Kunst wie gleichfalls in der Presse. Der Staat, der sich teilweise vom stalinistischen Modell der Kultur löste, übernahm gern die Schirmherrschaft über sämtliche Experimente und Extravaganzen, die Ausdrucksformen betrafen. Gleichzeitig wurde jedoch eine umfassende Zensur für die Kritik an der aktuellen Politik der Regierung eingeführt. Nichtsdestoweniger jedoch kamen alle, lange Zeit von den Vorschriften der Zensur erfaßten Bereiche des gesellschaftlichen Lebens selbst zum Vorschein und zwar in einer Art, die ihre Verheimlichung ganz einfach unmöglich machte.[6]

---

[5] Vgl. K. Kersten: Dylematy inteligencji (Das Dilemma der Intelligenz), „Tygodnik Kulturalny", 24.–30.12.1989.

Zu den Errungenschaften des im Jahre 1956 angebahnten Durchbruchs wäre die Beschränkung der Forderungen des kommunistischen Schirmherrn und damit die Befreiung der Kulturschaffenden von den Propagandapflichten sowie die Rückgewinnung des vorher durch den Staat überwachten Bereichs der Privatsphäre und der Privatinitiative des Einzelnen zu zählen. Auch der Weg nach Westen wurde geöffnet, der Kontakte, wenn auch unter der Kontrolle der Zensur, mit dem intellektuellen Leben der freien Welt erlaubte. Damals erschienen auch die ersten Veröffentlichungen von in Polen lebenden Autoren in den Emigrationsverlagen (insbesondere in der Pariser „Kultur"), was wiederum zu einem Bruch des staatlichen Monopols und der Befreiung von verbindlichen Worten, gleichfalls auch zur Weckung des Interesses für die Emigrationsliteratur führte. Gleichzeitig wurden katholische Zeitschriften „Tygodnik Powszechny" (Allgemeine Wochenschrift), „Znak" (Das Zeichen), „Więź" (Der Bund) verbreitet, die zu einer Reduzierung oder auch zu einer Abschaffung der mit allen Kräften durch die Kulturpolitik der kommunistischen Machthaber aufrecht erhaltenen Teilung in laizistische intellektuelle Kreise und in die sich zum christlichen Erbe bekennenden Autoren führte. Das, was die Einen und die Anderen bis heute verbindet, ist die Verteidigung der Menschenrechte angesichts der totalitären Bedrohung der kommunistischen Ideologie.[7]

Ende der fünfziger Jahre und in den sechziger Jahren errang die „polnische Filmschule" Weltruhm (Andrzej Wajda, Andrzej Munk, Roman Polański, Jerzy Skolimowski und andere), polnische Schriftsteller gaben viele hervorragende Werke heraus (Jarosław Iwaszkiewicz, Jerzy Andrzejewski, Kornel Filipowicz, Kazimierz Brandys, Zbigniew Herbert, Tadeusz Różewicz, Slawomir Mrożek, Stanisław Lec, Teodor Parnicki, Leopold Tyrmand, Andrzej Kuśniewicz, Julian Stryjkowski, Mirion Białoszewski und viele andere), aber auch die polnische Graphik, die Plakatkunst, die Malerei sowie Theater und Musik (Witold Lutosławski, Krzysztof Penderecki) erreichten Weltniveau und internationale Anerkennung. Polen wird nun zu einem wichtigen Zentrum europäischer Kultur. Nach Polen gelangen die neuesten Richtungen der Weltkultur, die in Verbindung mit der polnischen Tradition eine besondere, spezifische Kultur bilden. Für Russen, Ukrainer, Litauer, Tschechen und Slowaken wird die ein integrales Element europäischer Kultur darstellende polnische Kultur oftmals zur Hauptquelle von Information und Überlieferung westlicher Kultur. An dieser Stelle muß darauf hingewiesen werden, daß die Kulturpolitik der polnischen Regie-

---

[6] Vgl. den Vortrag Andrzej Kijowskis auf dem Kongreß der Polnischen Kultur in Warschau über den Dezember 1981 u.d. Titel: „Literatura i kryzys" (Literatur und Krise), „Kultura", Paris (Nr. 6) 417/1982, S. 8–13.

[7] P. Janowski: Czerwony Syzyf. Z dziejow polityki kulturalnej PRL, w: 40 lat wladzy kommunistycznej w Polsce (Der rote Sisyphus. Aus der Geschichte der Kulturpolitik der Volksrepublik Polen, in: 40 Jahre kommunistische Herrschaft in Polen), a.a.O., S. 212–134; G. Karpiński: Ustrój komunistyczny w Polsce (Das kommunistische System in Polen), London 1985.

rung in den vierzig Jahren zu einer der liberalsten im gesamten „sozialistischen Lager“ Osteuropas gehörte.

III. Auf dem Wege zu Pluralismus und Freiheit

Die ersten wesentlichen Anzeichen einer Durchbrechung des staatlichen Monopols auf dem Gebiet der Ideologie traten Ende der sechziger Jahre auf. Katalysator, der diesen Umwertungsprozeß beschleunigte, waren die Ereignisse vom März 1968. Ihre Anfänge kann man in der Tätigkeit des Klubs „Krummer Kreis“, dem Klub der katholischen Intelligenz im berühmten „Brief der 34“ aus dem Jahre 1964 finden, in dem gegen zahlreiche Versäumnisse auf dem Gebiet der kulturellen Politik protestiert wurde (Zensurbeschränkungen, Papiermangel usw.). Im März 1968 begann der Angriff der Regierungsorgane auf die Universitäten, wo Säuberungsaktionen unter Studenten und Professoren durchgeführt wurden, die des „Revisionismus“ bezichtet wurden, mit anderen Worten der Probe, die offizielle Doktrin des Marxismus, ähnlich wie in der Tschechoslowakei, zu einer Systemänderung in einen Sozialismus mit menschlichem Antlitz auszunutzen. Eine Theateraufführung der „Ahnenfeier“ des großen polnischen Dichters der Romantik, Adam Mickiewicz, die von Kazimierz Dejmek im National-Theater in Warschau vorbereitet worden war, wurde vom Spielplan abgesetzt, da einige der Zuschauer mit großer Erregung Partien des Textes aufgenommen hatten und dies als antisowjetische Manifestation angesehen wurde. Diese Absetzung rief die Empörung der literarischen Kreise hervor. Auf der Versammlung der Warschauer Abteilung des Verbandes Polnischer Literaten (ZLP) stieß während einer scharfen Diskussion, die viele andere Aspekte der Kulturpolitik nicht schonte, der Beschluß der leitenden Organe auf allgemeine Ablehnung. Der tiefe Antagonismus zwischen dem kommunistischen Staat und dem Literaten-Kreis trat nunmehr klar hervor. Immer mehr Kulturschaffende nahmen eine „oppositionelle“ Haltung an. Viele, noch unlängst zur „defätistischen“ Strömung gezählte, verifizierten ihr Verhaltnis zum „realen Sozialismus“.[8]

Die Ereignisse in Danzig im Jahre 1970 und der Wechsel der regierenden Gruppe verursachten eine gewisse Milderung der Demagogie des März 1968. Man kehrte zum Programm der „kleinen Stabilisation“ zurück, zum außerideologischen Konsumtionsmodell (dem sog. Gulaschkommunismus), zu dem die breiten Massen stimuliert wurden. Die Kultur sollte die Konsumtionshoff-

---

[8] Vgl. P. Janowski: Czerwony Syzyf (Der rote Sisyphus), a.a.O.,; J.K. Hoensch, G. Nasarski, Polen. 30 Jahre Volksdemokratie, Hannover 1975, S. 222–224; P. Raina: Die Krise der Intellektuellen, Olten 1968; M. Kersten: Aufstand der Intellektuellen, Stuttgart 1957; W. Wirpsza: Pole – wer bist Du? Luzern, Frankfurt 1971; M. Hirszowicz: Komunistyczny Lewiatan (Der kommunistische Leviathan), Paris 1973.

nungen und Illusionen von Millionen von Polen der siebziger Jahre widerspiegeln, in denen die Regierung vieles erlaubte, wenn es sich nur in den Grenzen eines vernünftigen Opportunismus hielt. Es blühte eine, die Massen verdummende „Unterhaltungskunst“ sowie die heiklen Themen vermeidende Literatur, als ob die Mission des Schriftstellers es nicht wäre, den Mißstand in der Welt anzuprangern und das, was ist, anzuzweifeln. Die aufweichende Kulturpolitik führte oftmals zu einer Verwischung authentischer Schaffensquellen und zu der Ausbreitung einer anmaßenden Haltung: Autoren mittelmäßiger, aber politisch vorsichtiger und farbloser Texte, fühlten sich zu einem Leben auf öffentliche Kosten berechtigt, als ob Unabhängigkeit und Freiheit der Schriftsteller und Kulturschaffenden an ihrem Abstand vom „regierenden Hof“ gemessen würden und nicht an schmerzlichen Problemen, die jeder vergeblich versuchte, auszusprechen.

Am schärfsten auf Entstellungen reagierte die junge Generation, die später die Bezeichnung „Neue Welle“ oder „Generation 68“ erhielt (u.a. Julian Kernhauser, Adam Zagajewski, Stanisław Barńczak, Ryszard Krynicki, Jacek Beresin, Ewa Lipska, Tomasz Burek, Tadeusz Nyczek). Die jungen Schriftsteller wurden begleitet von einer ungewöhnlich dynamischen Bewegung des nicht professionellen Studententheaters (das Theater „Kalambur“ in Breslau, das Theater „des Achten Tages“ in Posen, das Theater der „Hundert“ und des „Pleonasmus“ in Krakau), die Vorbild für die spätere Bewegung der Alternativkultur in Polen wurden. Junge Künstler fühlten sich als Generation der kritischen, gegen das „Establishment“ gerichteten Bewegung nahestehend, die Ende der sechziger Jahre die westliche Welt beunruhigte. Als die mit der neuen Regierung Giereks verbundenen Hoffnungen nach dem Dezember 1970 sich nicht erfüllten und junge Kulturschaffende entgegen ihren Erwartungen nicht das Wort erheben durften, obwohl sie sich noch auf den Sozialismus (einen mit menschlichem Antlitz) beriefen, wurde es klar, daß die zwar erschütterte, aber immer noch ständige Bindung der Literatur an den kommunistischen Staat seinem Ende entgegenging. „Die neue Welle“ geht schrittweise von allgemeinen Vorwürfen gegen die ältere und mittlere Generation, die sie des Verrats anklagt, zur „aufgestellten“ Ordnung über, zu einem „Nein“ gegenüber bisher von niemandem öffentlich in Frage gestellten Fundamenten des Systems, insbesondere gegen das Monopol der kommunistischen Partei und das Bündnis mit der UdSSR.

Der im Jahre 1976 ausgebrochene Protest der polnischen Arbeiter sowie die Gründung des Komitees zur Verteidigung der Arbeiter (KOR) verursachte, daß sich der protestierenden jungen Generation ihre älteren Kollegen anschlossen. Von dieser Zeit an notiert man die stürmische Entwicklung einer Reihe von unabhängigen gesellschaftlichen und kulturellen Bewegungen. Hauptziel aller war es, einem unterdrückten Volke die Wahrheit zu sagen. Dank des Bestehens von außerhalb der Zensur wirkenden Verlagen war es möglich, nicht nur den freien Gedanken zu offenbaren: überwunden wurde auch die in der „offiziellen“ Kultur praktizierte Isolierung der Landes- von der Emigrationskultur. Es erfolgte ein freier, wenn auch gesellschaftlich immer noch beschränkter Austausch von Ideen und Informationen. Offizielle Bildungs- und Verlagsstrukturen wurden durch die spontane Entwicklung der Selbstbildungsbewegung sowie der unabhängigen Presse und Literatur ergänzt.[9]

Auch die Alternativkultur sowie neue soziale Bewegungen entfalteten sich. Die in Polen legal tätige Alternativkultur bemühte sich, neue Werte in der Praxis zu bearbeiten und zu prüfen. Diese Bewegung war eine Reaktion auf die erstarrten, verbürokratisierten Formen der Tätigkeit der sog. „offiziellen Kultur".[10]

Ein Herausgehen aus dem vom „offiziellen" Modell des kulturellen Lebens festgesetzten Rahmen wurde zur Chance einer authentischen Evolution der zum erstenmal nach dem Kriege in einem derartigen Umfange vom Druck der Zensur befreiten polnischen Humanistik.

IV. Die Bewegung der unabhängigen Kultur – Aktuelle Umwandlungen der polnischen Kultur

Der Massenprotest der polnischen Arbeiter im August 1980, in dem Kulturkreise eine wesentliche Rolle in der Formulierung der Forderungen der Arbeiter spielten, verursachte prinzipielle Umwandlungen und Umwertungen im Bewußtsein der Künstler. Gerade in jener Zeit wird das staatliche Monopol der Kultur definitiv durchbrochen.

Im Verlauf von 16 Monaten des Wirkens der „Solidarność" erfolgte eine erstaunliche Entfaltung der unabhängigen Verlagsbewegung, die langjährige Rückstände nachholt und „weiße Flecke" in der Kultur ausfüllte. Auch auf anderen Gebieten wurde das Staatsmonopol gebrochen: es wurden unabhängige Zeitschriften herausgegeben, Ausstellungen, Vorlesungen und Konzerte organisiert, ohne die Erlaubnis der Behörden einzuholen oder sich um die Zensur zu kümmern. Der Druck des Volkes war derart stark, daß auch im zensierten „offiziellen" Umlauf eine weitgehende Freiheit des Wortes und große Initiativmöglichkeiten herrschten. Kulturschaffende lernten es schnell, sich mit dem Publikum ohne amtliche Vermittlung zu verständigen, das Publikum dagegen gewöhnte sich gleichfalls schnell an die Situation, in der man auf Texte, Bilder oder Aufnahmen zurückgreifen konnte, in denen seit Jahrzehnten verschwiegener Inhalt klar und ohne andeutende Chiffre ausgedrückt sind. Es erwies sich, wie üppig die Kultur ohne einen totalitären Staat erblüht, wie gut dieses auf die breiten

---

[9] Vgl. R. Zawrat: Przemiany w kulturze polskiej (Der Wandel in der polnischen Kultur), Teil 1, „Kultura", Paris (Nr. 9) 396/1980, S. 105–115.

[10] Vgl. A. Sakson: Ruch alternatywny albo pluralizm po polsku (Die Alternativbewegung oder der Pluralismus auf polnisch), „W Lewo", Nr. 2, 1981, S. 8–11; A. Jawłowska: Więcej niż teatr (Mehr als Theater), Warszawa 1988.

Massen des Volkes wirkt. Dieser Zeitraum erlaubte es auch, zwei Mythen zu widerlegen, die von den regierenden Organen lanciert worden waren, den Mythos, daß wir die Verbreitung von Meisterwerken nur den Anstrengungen des Staates verdanken und den Mythos, daß ein Künstler, der den servilen Kontakt mit dem „Hofe" abbricht, wie Norwid, Van Gogh oder Modigliani, zum Hungertode verurteilt ist.

Nach dem am 13. Dezember 1981 verhängten Kriegszustand bemühte sich die Regierung, das kulturelle Leben zu den Regeln des „realen Sozialismus" zurückzuführen. Der Künstler sollte sich wiederum verstaatlicht fühlen, das Publikum dagegen sollte sich mit einer rationierten Kultur begnügen. Zu diesem Zweck wurden ungewöhnlich drastische Mittel angewandt. Es wurde alles verboten, außer dem offiziellen Fernsehen und der Presse, und es wurde begonnen, das offizielle Kulturleben in einer Atmosphäre der Kontrolle, Liquidierung und Repression gewissermaßen vom Nullpunkt an wiederaufzubauen.

Es erwies sich jedoch, daß jene tiefgreifenden Veränderungen, die im polnischen Kulturbewußtsein vor sich gingen, bereits nicht mehr aufzuhalten waren. Die Leser wollten weiterhin nicht zensierte Bücher und Zeitschriften lesen und es fanden sich auch jene, die – selbst auf die Gefahr hin, ins Gefängnis gehen zu müssen – diese zu drucken bereit waren.

Die Unterschiedlichkeit und Reife der Formen sowie der ungewöhnlich ausgedehnte Wirkungsbereich der unabhängigen Kultur (in den achtziger Jahren erschienen 1200–1300 Titel unabhängiger Zeitungen, Zeitschriften und Bücher und anderer kultureller Monatsschriften, an deren Ausgabe über 10 000 Personen beteiligt waren),[11] etwas, was in keinem anderen Lande des Ostblocks anzutreffen war, wurde möglich dank der zahlreichen Beteiligung von Kulturschaffenden sowie einer ausgedehnten Unterstützung und aktiven Hilfe von Seiten der Bevölkerung.

Der Koordinierung der Tätigkeit im Bereich der unabhängigen Kultur nahm sich dort, wo dies notwendig war, das Komitee der Unabhängigen Kultur (KKN) an, das von Vertretern verschiedener Kulturkreise Anfang 1983 gebildet und von der damals im Untergrund tätigen Leitung der „Solidarność" anerkannt wurde. Dieses Komitee sammelte soziale Kulturfonds, um damit entsprechende Initiativen zu unterstützen wie auch Verbindungen und Zusammenarbeit zwischen den einzelnen Gruppen und Personen zu erleichtern. Es ergriff auch das Wort in wichtigen, die polnische Kultur betreffenden Fragen

---

[11] Vgl. J. Perkal: Polityczna historia prasy w Polsce w latach 1944–1984 w: 40 lat . . .) (Eine politische Geschichte der Presse in Polen in den Jahren 1944–1984 in: 40 Jahre . . .), a.a.O., S. 183–184; J. Jagodziński: Wydawnictwa niezależne w Polsce, w: Prace Kongresu Kultury Polskiej, Tom II. Bieżące zagadnienia krajowe (Unabhängige Verlage in Polen, in: Die Arbeiten des Kongresses der Polnischen Kultur, Band II. Aktuelle Probleme des Landes), u.d. Red. von J. Drewnowski, London 1986, S. 196–221.

wie z.B. in der Frage des Boykotts der Massenmedien und der offiziellen Veranstaltungen. Auf Anregung des KKN wurde auch die Dokumentation der Bewegung der unabhängigen Kultur gesammelt. Außerdem gab das Komitee eine Monatsschrift „Unabhängige Kultur" heraus und verteilte jährlich Kulturpreise der „Solidarność" für Errungenschaften auf verschiedenen Gebieten der Kultur.[12]

In den achtziger Jahren wurde eine wirkungsvolle Konkurrenz für das staatliche Mäzenat gegründet. Diese Förderung kam von der Katholischen Kirche sowie aus Mitteln, die aus dem Ausland einflossen und die hauptsächlich durch Vermittlung der „Solidarność" zur Finanzierung bestimmter kultureller Vorhaben überwiesen wurden.

Gleich nach Einführung des Kriegszustandes im Jahre 1981, als die kulturelle Tätigkeit stark beschränkt war, waren die einzigsten Orte, wo sich Schöpfer der unabhängigen Kultur treffen konnten, die Kirchen. Diese blieben sogar nach der Aufhebung des Kriegszustandes weiterhin Betreuer der Kultur, da die Mehrzahl der Schöpfer der polnischen Kultur ihre Teilnahme in den Massenmedien boykottieren. Der größte Teil der polnischen Elite (Schriftsteller, Schauspieler, Wissenschaftler, Regisseure, Journalisten, Kritiker, Komponisten und Plastiker) nahm lediglich an Treffen teil, die von den Pröbsten der einzelnen Pfarrgemeinden des ganzen Landes organisiert wurden. Charakteristisch für diese Zusammenkünfte war, daß diese nicht nur von gläubigen Katholiken, sondern auch von Menschen mit verschiedenen Weltanschauungen, darunter gleichfalls von Mitgliedern der Kommunistischen Partei besucht wurden. Institutionelle Erscheinungen dieser Aktivität waren mit unterschiedlicher Dynamik an vielen Orten organisierte Zyklen von Zusammenkünften im Rahmen der christlichen Kulturtage oder Kulturwochen. Ihre Anziehungskraft entsprang sowohl aus der Wahl der Themen als auch der Auswahl der Redner. Unter letzteren waren interniert gewesene Schriftsteller, Journalisten, bekannte Literaten und Wissenschaftler.[13]

Nach Verhängung des Kriegszustandes in Polen wurden im Westen viele neue Zeitschriften in polnischer Sprache herausgegeben, die auch zu den Abnehmern im Lande gelangten.[14]

Der Sieg der „Solidarność" in den Parlamentswahlen vom 4. Juni 1989 sowie die später erfolgende Regierungsübernahme und der Beginn des Baues eines neuen, demokratischen politischen Systems eröffnen einen neuen Ab-

---

[12] Vgl. Polska 5 lat po sierpniu, Raport (Polen 5 Jahre nach dem August, ein Bericht), London 1985, S. 326–344.

[13] Vgl. P. Raina: Kościół w Polsce 1981–1984 (Die Kirche in Polen 1981–1984), London 1985, S. 302–304.

[14] Vgl. J. Radomyski: Pomoc krajowi przez informowanie Zachodu w: Bieżące zagadnienia krajowe (Dem Lande helfen indem der Westen informiert wird, in: Aktuelle Probleme des Landes), a. a. O., S. 223–238.

schnitt in der Entwicklung der polnischen Kultur. Die Beschränkung der Einmischung der Zensur und ihre im Jahre 1990 erfolgte vollständige Aufhebung hoben die unnatürliche Teilung in eine „offizielle" und „inoffizielle", in einen „ersten" und einen „zweiten" Umlauf auf. Wie weit das Mißtrauen der Kulturschaffenden der bisherigen Politik der kommunistischen Machthaber gegenüber ging, bezeugt eine Ende 1989 geführte öffentliche Diskussion, die den Sinn des Bestehens eines Ministeriums für Kultur und Kunst überhaupt in Frage stellte.

Eine wichtige Folge der Aufhebung der Zensur ist die Tatsache, daß Theater- und Filmschaffende, Journalisten und Schriftsteller nicht mit einer Einmischung der Bürokratie bei der Wahl des Repertoires oder der Inhaltsüberprüfung rechnen müssen. Sämtliche „Tabu"-Themen hat man freigegeben. Die in Panzerschränken verborgenen, bislang verbotenen Filme, Rundfunk- und Fernsehprogramme, Bücher – werden gegenwärtig einem breiten Publikum vorgeführt. Reaktiviert wurden die bis kürzlich noch verborgenen Zeitschriften (wie z.B. die Wochenschrift „Solidarność"). Es werden eine ganze Reihe neuer, unabhängiger Zeitschriften, Wochenschriften und Zeitungen herausgegeben sowie unabhängige Rundfunk- und Fernsehstationen gegründet.

Die Reprivatisierung vieler Gebiete der Kultur verursachte, daß allein im Jahre 1989 in Polen ungefähr 100 private Verlagsfirmen und -gesellschaften gegründet wurden. Es entstanden gleichzeitig 120–130 neue filmtechnische Firmen. Bisher verbotene Verbände Kulturschaffender wurden wieder ins Leben gerufen sowie neue Organisationen gegründet, die jene zusammenschlossen.[15] Alle ideologischen und formellen Beschränkungen wurden aufgehoben. Dies bewirkte, daß die moderne polnische Kultur sich so entfaltet, wie es charakteristisch für eine demokratische Gesellschaft des Westens ist.

Die in Polen vorgehenden demokratischen Wandlungen bringen jedoch für die Kultur eine neue, bisher nicht gekannte Bedrohung mit sich. Die Verteuerung der Papierpreise auf dem freien Markt mußte zu einer wesentlichen Senkung der Produktion von Buchausgaben und zu einem radikalen Anwachsen der Preise führen. Schwierig ist die Situation vieler wertvoller, jedoch mit finanziellem Verlust arbeitenden Zeitschriften, bedroht ist die materielle Existenz der Kulturschaffenden, erwartet wird eine weitgehende Kommerzialisierung der Kultur.[16] Es scheint so, als ob dies der spezifische Preis auf dem Wege zur Demokratie ist.

Die Umwandlungen der polnischen Kultur der letzten 10 Jahre sind kompliziert und tiefgreifend. Hier trafen einige sich widersprechende Wertsysteme auf-

---

[15] Vgl. „Przegląd Tygodniowy" Nr. 1, 1990.

[16] Vgl. „W. sprawie sytuacji piśmiennictwa polskiego (Denkschrift des Verbandes Polnischer Schriftsteller. Zur Frage der Situation des polnischen Schrifttums"), „Tygodnik Powszechny", Nr. 2, 1990.

einander. In den letzten Jahren begann sich infolge gesellschaftlicher und moralischer Erschütterungen ein neues, demokratisches Normensystem herauszugestalten. Dieses stützt sich sowohl auf christliche Werte, antitotalitäre Haltung, Verteidigung der Menschenrechte, als auch auf fundamentale Werte der europäischen Kultur und das Streben nach voller Freiheit.

Theo Mechtenberg

DAS STREBEN NACH KULTURELLER AUTONOMIE IN DER DDR

Beginnen wir mit einer Szene aus dem unrühmlichen 11. ZK-Plenum vom Dezember 1965. Politbüro-Mitglied Albert Norden, zuständig für Agitation und Propaganda, stellte auf dem Hintergrund damaliger Polemik die zentrale Frage: „Wer soll eigentlich in unserer sozialistischen Gesellschaft führen?" Unter Hinweis auf einen Beitrag, den Stefan Heym außerhalb des Landes publiziert hatte – es handelt sich um seinen kritischen Text „Die Langeweile von Minsk" –, attackiert Norden den Autor, weil er den Führungsanspruch der Partei für Literatur und Kunst grundsätzlich in Frage stelle.[1] Er beläßt es nicht bei solcher Feststellung, sondern erinnert an Freiligrath und dessen Satz: „Der Dichter steht auf einer höheren Warte als auf den Zinnen der Partei", um dann sogleich Georg Herwegh als Kronzeugen parteilicher Kulturauffassung anzuführen:

„P a r t e i, P a r t e i! Wer sollte sie nicht nehmen,
die noch die Mutter aller Siege war!"

Und Freiligrath hat, so läßt Norden seine Hörer wissen, seinen Irrtum eingesehen und „erreichte . . . unter direkter Anleitung der Partei und ihres Führers Karl Marx den dichterischen Gipfelpunkt seines Lebens und Schaffens."

Das heißt: der Streit ist längst entschieden – zugunsten der Partei und gegen die aufmüpfigen Autoren, Filme- und Liedermacher, die kulturelle Autonomie beanspruchen. Gegen diese Autonomiebestrebungen samt ihren Vertretern hatte die Partei auf dem 11. ZK-Plenum zum Rundumschlag ausgeholt; gegen die, „nach deren Meinung sich die Partei – wie Norden fortfährt – und der von ihr geführte Staat um alles kümmern darf: um Eisen und Stahl und Öl, um Getreide und Fleisch und industrielle Konsumgüter, um das Bildungs- und das Gesundheitswesen, um Armee, Polizei und Justiz, um die Mehrung des gesellschaftlichen Eigentums und des persönlichen Wohlstandes", wobei das Protokoll an dieser Stelle einen Zwischenruf von Kurt Hager vermerkt: „Und um die Ernährung der Schriftsteller!" – „Nur um die Kunst soll sie sich nicht kümmern", eine Position, die Norden nicht nur als „falsch", sondern als „volksfeindlich" bezeichnet.

---

[1] Elimar Schubbe (Hrsg.): Dokumente zur Kunst-, Literatur- und Kulturpolitik der SED, Stuttgart 1972, S. 1102.

Die verheerende Wirkung dieses Plenums ist bekannt. Stefan Heym zieht in seinem „Nachruf" folgendes Fazit: „Die gesamte Jahresproduktion der staatlichen Filmgesellschaft Defa wird zu Frisierkämmen verarbeitet. Redakteure, Regisseure, Dramaturgen, Cheflektoren werden in die Wüste geschickt; und selbst im Kulturapparat von Staat und Partei wird ausgejätet, wer je durch eine selbständige Regung auffiel. Wie viele Theaterstücke abgesetzt wurden, wie viele Bücher, Erzählungen, Gedichte ungedruckt blieben oder gar nicht erst geschrieben wurden nach dieser Veranstaltung der Partei, hat nie einer gezählt; aber wie viele Künstler in den Jahren darauf die Republik verließen, das steht fest, und wenn der Genosse Hager die kulturelle Entwicklungshilfe rühmt, welche die DDR dem Westen angedeihen ließ, dies Plenum ist ihr Markstein."[2]

Um die Autonomiebestrebungen in der DDR darzustellen, müßte das konfliktreiche Verhältnis von Kultur und Politik detailliert zur Sprache kommen. Abgesehen davon, daß diese Entwicklung bis zu den achtziger Jahren ausreichend dokumentiert ist und es auch an synthetischen Darstellungen nicht fehlt, soll im Rahmen dieser Überlegungen zugunsten einzelner, auf die Literatur beschränkter Aspekte auf einen historischen Abriß verzichtet werden. Ausgehend von einem Verständnis sozialistischer Kulturrevolution soll der ideologisch bedingte Autonomieverlust der Kultur und ihre Integration in das Konzept eines von der Partei diktierten Gesellschaftsprozesses verdeutlicht werden. Die damit für das Verhältnis von Kultur und Politik gegebene grundsätzliche Konfliktsituation, die das Schicksal vieler DDR-Autoren entscheidend bestimmt hat, wird sodann exemplarisch an Leben und Werk von Franz Fühmann aufgewiesen. Die Autonomiebemühungen seitens der Autoren finden in zwei Richtungen ihre Skizzierung: einmal durch einen Abriß der von einem engen Kanon ausgehenden Erberezeption, zum anderen durch eine kurze Anmerkung zur kulturellen Subkultur der achtziger Jahre. Den Abschluß bildet die durch den Zusammenbruch des SED-Regimes gewonnene Autonomie, eine Situation, die mit viel Ratlosigkeit und Irritationen sowohl der Schriftsteller und Künstler als auch der Kulturbürokratie verbunden ist und deren Konsequenzen schwer abschätzbar erscheinen.

I. Ideologische Legitimation des kulturellen Führungsanspruchs der Partei

Die immer gleiche Optik der Schriftstellerkongresse war dem Betrachter so vertraut, daß man sich kaum gewundert hat, auf dem erhöhten, dem Plenum zugewandten Präsidium in bunter Reihe Vorstandsmitglieder des Verbandes und Genossen des Politbüros vereint zu sehen. Was hatte – so ließe sich fragen –

---

[2] Stefan Heym: Nachruf, München 1988, S. 707.

ein Günter Mittag auf der Präsidiumsbühne zu suchen, es sei denn, man würde Planziffern und Wirtschaftsprogramme zur Literatur zählen.

Der Grund ist ein anderer. Er ergibt sich aus dem ideologischen Verständnis von Kultur und Kulturrevolution. Marxistisch verstanden ist die Kultur eng mit dem Begriff der Arbeit im Sinne einer Wechselbeziehung von Mensch und Natur verbunden, wodurch in einem ständigen Prozeß die Natur zunehmend humanisiert und der Mensch naturalisiert wird. Damit steht die Kultur in Abhängigkeit von der jeweiligen Gesellschaftsformation, die die ihr eigene Kultur hervorbringt und die daher unter den Bedingungen der Klassengesellschaft selbst einen Klassencharakter besitzt. Kultur ist somit keine von ihrer materiellen Basis losgelöste Summe ästhetischer Werte, sondern ein prozeßhafter Systemzusammenhang, bei dem die gesellschaftliche Entwicklung eine für die Kultur determinierende Bedeutung gewinnt.

Damit im Einklang mit der gesellschaftlichen Entwicklung die kulturelle Entwicklung tatsächlich der Vervollkommnung des Menschen dienen kann, ist eine Kulturrevolution notwendig, die den Klassencharakter bisheriger Kultur überwindet und das kulturelle Erbe kritisch unter dem Aspekt sozialistischer Persönlichkeitsbildung verarbeitet. In der Konsequenz dieses Denkansatzes beginnt die Kulturrevolution nach einer Definition des von Klaus & Buhr herausgegebenen „Philosophischen Wörterbuchs“ mit „dem Aufbau der staatlichen Macht der Arbeiterklasse und der Planung der Volkswirtschaft ... dabei spielt die ideologische Führung der Kunstentwicklung durch die marxistisch-leninistische Partei zur Entdeckung und allseitigen künstlerischen Gestaltung des neuen Gegenstandes eine entscheidende Rolle, um die Funktion der Künste in der sozialistischen Kultur zu realisieren ...“[3]

Es versteht sich, daß angesichts eines solchen Kulturbegriffs für kulturelle Autonomie kein Platz bleibt. Konflikte waren damit vorgezeichnet. Spätestens Anfang der fünfziger Jahre war die ideologische Marschrichtung mit der Kampfansage gegen Formalismus in Kunst und Literatur sowie der Bildung eines „Amtes für Literatur und Verlagswesen“ klar. Die Schriftsteller hatten sich dem Monopolanspruch der Partei zu beugen. Die Entwicklung der Kultur in der DDR geriet unter den Schatten von Shdanow, der bereits 1934 auf dem berüchtigten sowjetischen Schriftstellerkongreß gegen Dekadenz und Pessimismus bürgerlicher Literatur eine unter der Führung der Partei stehende, optimistisch in die Zukunft blickende und im Dienste der Arbeiter und Bauern stehende sowjetische Literatur gefordert hatte. In der Nachkriegszeit konnte Shdanow an diese Position anknüpfen und eine Kampagne gegen Literaturzeitschriften und Schriftsteller – vor allem gegen Anna Achmatowa und Michail Soschtschenko – führen, die revolutionäre Begeisterung, Parteilichkeit und den optimistischen Zukunftsblick vermissen ließen. Die Beschlüsse der KPdSU bestimmten fortan

---

[3] Georg Klaus/Manfred Buhr: Philosophisches Wörterbuch, Leipzig 1969, Bd. 2, S. 630.

die Kulturpolitik der DDR. Stalins Wort vom Schriftsteller als dem Ingenieur der menschlichen Seele gewann den Rang eines verbindlichen Leitbildes für ein literarisches Schaffen im Dienste der Erziehung sozialistischer Persönlichkeiten. Der Literaturwissenschaftler Werner Liersch urteilt in einem Rundgespräch zum 40. Jahrestag der DDR im Rückblick auf diese Frühphase zu Recht, daß man für eine Periodisierung der DDR-Literatur bei der I. Allunionskonferenz der sowjetischen Schriftsteller im Jahre 1934 ansetzen müsse: „Wenn wir uns unsere eigene Kunstentwicklung nach 1945 ansehen, so beginnt nach einer bemerkenswerten Periode der Offenheit das stalinistische Konzept, von dem hier die Rede war, am Ausgang der vierziger Jahre zu wirken, und zwar in einer Weise, die aufzuarbeiten so schmerzhaft wie notwendig ist.“[4]

II. Franz Fühmann – der schmerzliche Weg zur Autonomie

Wer sich aus der Distanz der Jahre und anhand einschlägiger Dokumente mit der jede Autonomie ausschließenden Kulturpolitik der DDR befaßt, dem fehlt möglicherweise das Verständnis, warum Autoren nach dem Zweiten Weltkrieg die DDR als das bessere Deutschland wählten und sich in den Dienst des Sozialismus stellen konnten. Er nimmt auch nur die äußeren Konflikte wahr, in die selbst diese Schriftsteller gerieten, ohne die inneren Krisen, an denen sie entweder zerbrachen oder aus denen sie gefestigt hervorgingen, fähig, den Widerspruch zwischen Doktrin und Dichtung im Sinne kultureller Autonomie zu lösen. Einen Einblick in das Scheitern bietet Bechers unter dem Titel „Selbstzensur“[5] drei Jahrzehnte nach ihrer Abfassung veröffentlichte Selbstanklage. Ein Text, beispielhaft für die Lebenstragödie vieler Altkommunisten, deren „Grundirrtum“ gleichfalls in der Annahme bestand, „daß der Sozialismus die menschliche Tragödie beende und das Ende der menschlichen Tragik selbst bedeute“, während es sich doch so verhielt, „als habe mit dem Sozialismus die menschliche Tragödie in einer neuen Form ihren Anfang genommen“. Eine bemerkenswerte Einsicht, die Becher allerdings zu seiner eigenen Tragödie wieder in das Schweigen zurücknahm, das er mit den Worten durchbrechen wollte: „Erst, als die Erde bebte und die Gräber sich öffneten, habe ich mich auch zu denen bekannt, die anklagend aus der Tiefe stiegen. Aber ohne mich selber anzuklagen, will ich nun nicht in die Reihe derer treten, die ebenfalls zur gegebenen Zeit nichts gewagt haben, aber jetzt sich so gebärden, als ob sie schon immer ‚dagegen‘ gewesen seien.“ – Ein Text von überraschender Aktualität.

Die Krise bestand, wenngleich bis an den Rand innerer Verzweiflung getrieben, ein anderer Autor: Franz Fühmann, ein Mann mit vielfach gebrochener Biographie: katholische Prägung, früher Bruch mit der Religion seiner Kindheit,

---

[4] Vierzig Jahre DDR-Literatur, Weimarer Beiträge 9/1989, S. 1457 f.

[5] Vgl. Sinn und Form 3/1988, S. 543–551.

hitlergläubig, Soldat, sowjetische Kriegsgefangenschaft, marxistisches Damaskuserlebnis im Antifa-Lager, Schriftsteller im Dienste der Partei. Doch die Wandlung zum Sozialismus wird ihm selbst fragwürdig. In seinem Ungarn-Tagebuch „22 Tage oder Die Hälfte des Lebens" hinterfragt er sie bohrend. Unter dem 29. Oktober findet sich die Notiz: „Meine Generation ist über Auschwitz zum Sozialismus gekommen. Alles Nachdenken über unsere Wandlung muß vor der Gaskammer anfangen, genau da."[6] Und weiter: „Die neue Gesellschaftsordnung war zu Auschwitz das Andere; über die Gaskammer bin ich zu ihr gekommen und hatte es als den Vollzug meiner Wandlung angesehen, mich ihr mit ausgelöschtem Willen als Werkzeug zur Verfügung zu stellen, anstatt ihr Mitgestalter mit eben dem Beitrag, den nur ich leisten könnte, zu sein."[7] Das ist eine neue, kritische Position, jenseits der parteioffiziellen Berufung auf die antifaschistische Tradition und den Aufbau einer sozialistischen Gesellschaftsordnung.

Noch deutlicher und erschütternd sein 1982 erschienenes Trakl-Buch. Sein „Damaskuserlebnis" erscheint nun rückblickend und von der Position der Dichtung Trakls aus in einem neuen Licht: als Indoktrination eines „Tertium non datur": „Dieses völlig duale Weltbild ... war h i e r i n ein Kontre-Stück zu der Weltsicht, die ehedem unser Denken beherrschte, doch es gab sich als der völlige Bruch mit dem Alten, und der einzig mögliche Bruch noch dazu. Ein Widerspruch; er blieb in sich stockend, doch da das Denken sich in ihm rieb, ohne ihn erkennen zu können, begann er unterm Bewußtsein zu schwären, und in ihm schwärte auch Trakls Gedicht."[8]

Fühmann erinnert das Jahr 1947: „Weltfriedenskongreß" in Breslau, das nun Wrocław heißt. Der Hauptredner: Alexander Fadejew. Die Tendenz: Dekadenz ist Faschismus.

Damit gehörte auch Trakl zu jenen Geächteten, für die im literarischen Erbe kein Platz war. Die unter dem Verdikt des sozialistischen Realismus und im Rahmen der Formalismus-Debatte nicht gedruckt, nicht rezipiert werden durften. Bei Fühmann löst die Ächtung eine existentielle Krise aus. Er wird alkoholsüchtig. In einer Anwandlung von Verzweiflung versucht er, das Heft mit Trakls Gedichten zu vernichten, bringt aber die Kraft dazu nicht auf.

Der befreiende Durchbruch kommt später, und er kommt anders. Als Zeitangabe notiert Fühmann „Die Ereignisse des Sommers 1968". Der Leser weiß sich im Bilde: das Ende des „Prager Frühlings". Für viele Autoren in der DDR eine tiefe Zäsur. Auch für Fühmann, bei dem sich die geistig-politische Krise mit einer persönlichen verknüpft. Er erfährt, „daß der Konflikt, der da aufbrach, in weltgeschichtlichen Dimensionen Fleisch vom Fleisch jenes Wider-

---

[6] Franz Fühmann: 22 Tage oder Die Hälfte des Lebens, Frankfurt 1978, S. 161.
[7] Ebd. S. 211.
[8] Franz Fühmann: Der Sturz des Engels. Erfahrungen mit Dichtung, Hamburg 1982.

spruchs war, den ich in meiner Person erfahren, der mich bis zur Grenze des Zerbrechens gespannt hat und der ohne Trakl nicht denkbar ist." Er findet die Kraft, sich aus der Sucht zu befreien und den Konflikt zwischen Dichtung und Doktrin als unvermeidbar auf sich zu nehmen. Seit 1968 erscheint Fühmann bis zu seinem Tod als ein Autor, der den Konflikt mit der Kulturbürokratie nicht scheut und das Recht der Dichtung gegen den Anspruch der Doktrin und der Macht der Kulturbürokratie verteidigt. Sein Name muß als einer der ersten genannt werden, wenn vom Streben nach kultureller Autonomie in der DDR die Rede ist.

III. Vom Umgang mit dem Erbe

Von Reiner Kunze stammt ein 1960 geschriebenes Gedicht mit dem Titel „Das Ende der Kunst":

„Du darfst nicht, sagte die eule zum auerhahn,
du darfst nicht die sonne besingen
Die sonne ist nicht wichtig

Der auerhahn nahm
die sonne aus seinem gedicht

Du bist ein künstler,
sagte die eule zum auerhahn

Und es war schön finster"[9]

Der Text bedarf keiner Auslegung; er spricht für sich. Wo äußere Instanzen darüber entscheiden, was in der Kunst wichtig, was unwichtig ist, da bricht eine kulturelle Sonnenfinsternis an. Das gilt auch für den Umgang mit dem Erbe. Der Erbe-Kanon, mit dem die DDR ihre literarische Entwicklung antrat, war eng umrissen. In Orientierung an Georg Lukács umfaßte er im wesentlichen Aufklärung, deutsche Klassik und die realistische Prosa des 19. Jahrhunderts. Ausgeschlossen blieben die von Lukács als reaktionär eingestufte Romantik sowie die Moderne, die den klassischen Kategorien von „Harmonie" und „Schönheit" nicht entsprach und als „dekadent" abgetan wurde. Dieses Erbekonzentrat erhielt dann ein antifaschistisches Vorzeichen und wurde als wesentlicher Bestandteil geistig-kultureller Umerziehung und Erneuerung des deutschen Volkes ausgegeben. In der offiziellen DDR-Literaturgeschichte liest sich das so: „Für den Kampf gegen die nachwirkende Naziideologie und um eine realistische, volksverbundene Literatur war es wichtig, sich auf das humanistische und realistische Erbe der deutschen Literatur und der Weltliteratur zu besinnen. Auch das war eine der Erfahrungen, die die fortschrittlichen Kräfte

---

[9] Reiner Kunze: Sensible Wege, Hamburg 1969, S. 14

während ihres Widerstandes gegen den Faschismus gewonnen hatten; sie bestimmt das kulturelle Programm seit der Mitte der dreißiger Jahre mit. Befreit von imperialistischen Verunstaltungen und Verfälschungen, konnten diese humanistischen und volksverbundenen Traditionen nun ungehindert zur demokratischen Erneuerung der deutschen Kultur beitragen."[10]

Die Konzeption einer derartigen „antifaschistischen Erneuerung" ist absurd. Schließlich hat der Nationalsozialismus mit Goethe und Schiller gut leben können, deren Werke nicht der Bücherverbrennung zum Opfer fielen, sondern bevorzugter Schulstoff blieben. Zudem geriet die kulturpolitisch gesteuerte Erberezeption aufgrund der Ausgrenzungen in eine fatale Nähe zur kulturpolitischen Praxis des NS-Staates. Gleiches gilt für die Erberezeption als solche, die nach dem kulturpolitischen Konzept recht gewaltsam auf eine sozialistische Nationalliteratur hingeordnet wurde, worin das Erbe seine „Aufhebung" finden sollte. Brigitte Reimanns Roman „Franziska Linkerhand" (1974) enthält hierzu eine aufschlußreiche Szene: die Protagonistin aus großbürgerlichem Hause, doch mit klarer Entscheidung für den Sozialismus, erhält aus der Hand des in den Westen überwechselnden Vaters Goethes Gesamtwerk. Der Sinn dieser Symbolhandlung liegt in der Aussage, daß die humanistische Tradition des Bürgertums mit dessen Niedergang nicht untergeht, sondern von der sozialistischen Gesellschaft aufgenommen wird, die damit den Anspruch erhebt, die humanistischen Ideale, die notwendigerweise an der bürgerlichen Klassengesellschaft scheitern mußten, in der sozialistischen Gesellschaft zu verwirklichen; ein Anspruch nichteinlösbarer Verheißung.

Der wachsende Widerspruch zwischen der parteioffiziellen Kulturkonzeption und der faktischen Gesellschaftsentwicklung wurde mit den Jahren immer deutlicher. Die Wirklichkeit ließ sich immer weniger in den Kategorien von Harmonie und Schönheit sowie des Typischen fassen, sondern zeigte durchaus häßliche Erscheinungsformen menschlicher Entfremdung. Der mit der Erbekonzeption verbundene humanistische Anspruch wurde zunehmend fragwürdig und ließ die Zweifel am Sinn eines kultur- und damit machtpolitisch sanktionierten Kanons wachsen. Immer mehr Autoren gelangten zu der Einsicht, daß sich das kulturelle Erbe weder kanonisieren noch eigentlich „aneignen" läßt, wie die Doktrin behauptet. Es folgt als vitaler Strom eigenen Gesetzen. Greift man in diesen Strom hinein, um aus literarischen Traditionen ein verbindliches Erbe zu präparieren, dann verliert dieses seine Lebendigkeit; es wird museal und öffnet zudem der Manipulation Tür und Tor, wie dies beispielsweise Günter de Bruyn in „Märkische Forschungen" (1978) ironisch verdeutlicht. Die Neigung unter den Autoren nimmt zu, Verdikte zu mißachten und das offiziell mit dem Bann belegte und verdrängte Erbe bewußtzumachen und

---

[10] Horst Haase/Hans-Jürgen Geerdts (Hrsg.): Die Geschichte der deutschen Literatur, Bd. 11 (Literatur der Deutschen Demokratischen Republik), Berlin (Ost) 1976, S. 48.

als Deutungsmuster sehr gegenwartsnaher Phänomene literarisch zu verarbeiten. Dieser in den siebziger Jahren auf breiter Front verlaufende, äußerst konfliktreiche Prozeß muß als der eigentliche Durchbruch zu kultureller Autonomie gewertet werden. Den Auftakt bildete 1973 Ulrich Plenzdorfs Prosa- und Bühnenstück „Die neuen Leiden des jungen W.", das – vom 9. ZK-Plenum (1973) gemaßregelt – in der Bevölkerung eine breite und zustimmende Resonanz fand. Mit diesem Werk wird nicht nur der positive Held durch den Außenseiter abgelöst, sondern auch die grundsätzliche Wirkungslosigkeit verordneter Erberezeption demonstriert und gegen den sozialistischen Anspruch die Fortsetzung der alten Leiden auch in der neuen Gesellschaft behauptet.

Die Revision des Erbekanons geschah nicht aus einem historischen, sondern aus einem aktuellen Interesse. Auf der Suche nach Modellen menschlicher Erfahrung, die als Deutung aktuellen Selbstverständnisses dienen konnten, griffen die Autoren vor allem auf die Romantik zurück. Damit sprengten sie die Grenzen des durch den offiziellen Erbekanon vorgegebenen Wirklichkeitsverständnisses. Dies hatte für die Thematik und die Schreibweise neuerer DDR-Literatur weitreichende Folgen: das Augenmerk richtete sich auf den Außenseiter, der sich mit den Gegebenheiten nicht einfach abfindet, der die geforderte Anpassung an die verordneten gesellschaftlichen Normen verweigert, der an den Verhältnissen leidet, ja zerbricht, aber dadurch an Authentizität gewinnt – wie dies für die literarischen Figuren im Werk von Christa Wolf gilt, von Christa T. über Kleist und die Günderode bis zu Kassandra. Die in ihrer Rationalität als eng und repressiv erfahrene Wirklichkeit wird aufgebrochen, gewinnt an Transzendenz; die durch die Rationalität unterdrückten Bereiche des Unbewußten, des Traums, der Imagination werden zurückgewonnen, die Phantasie wird in ihr Recht eingesetzt, das Gespenstische – als „Erfahrungsrealität des Daseins" von Franz Fühmann bei E.T.A. Hoffmann wiederentdeckt und von Wolfgang Hilbig gegenwartsrelevant literarisch umgesetzt – hält Einzug in die Literatur der DDR. Die Emanzipation der Literatur von der Kulturpolitik ist bei allen anhaltenden Behinderungen durch die Zensur und den Exodus namhafter Autoren im Prinzip vollzogen, der Durchbruch zur kulturellen Autonomie erreicht.

IV. „Wie streunende Hunde im Wortschatz"

Anfang der achtziger Jahre war – von Franz Fühmann befürwortet – seitens der Akademie der Künste die Herausgabe einer Textsammlung mit merkwürdigem Titel geplant: „Einsame Augen in Augenhöhe wie streunende Hunde im Wortschatz". Zensur und Unverständnis ließen das Projekt scheitern. Hätte man sein Erscheinen nicht blockiert, so wäre dies die erste Dokumentation einer autonomen Literatur in der DDR gewesen.

Gegen Ende der siebziger Jahre bildete sich in der DDR eine kulturelle Subkultur heraus. Junge Autoren und Künstler fanden sich in losen Gruppen zusammen, gaben kombinierte Grafik- und Lyrikblätter heraus, gründeten unabhängige Kulturzeitschriften – Und, Schaden, Ariadnefabrik, Mikado, um nur einige zu nennen. Hier publizierten Autoren, die sich bewußt außerhalb des Kulturbetriebs hielten, sich um keine Mitgliedschaft im Schriftstellerverband bewarben, keinen Kontakt zu Verlagen aufnahmen und mit ihren Publikationen die Zensur unterliefen; autonom im Sinne einer radikal verstandenen existentiellen wie kulturellen Sebstbestimmung. Aussteiger mit vielfach gebrochener Biographie: Exmatrikulation, Transportarbeiter, Kellner, Regieassistent, freiberuflich – so die Stationen typischer Lebensläufe. Vertreter einer jüngeren und mittleren Generation, die in kein Schema vorgegebener gesellschaftlicher Ordnung, ideologischer Sinngebung und literarischer Konvention passen.

Manche Namen sind inzwischen in der Bundesrepublik durch zwei Anthologien[11] und eigene Publikationen bekannt: Sascha Anderson, Stefan Döring, Bert Papenfuß-Gorek, Rainer Schedlinski. Jeder auf seine Art ein „streunender Hund im Wortschatz".

Politisch oberflächlich provokante Texte wird man bei diesen Autoren nicht finden. Wenn man überhaupt von einer politischen Programmatik sprechen kann, dann im Sinne der Verweigerung, wie sie Uwe Kolbe 1981 formulierte: Der Kaiser ist nackt; das heißt: /Weg mit der Ersatz- und Sklavensprache, d.h.: /Verweigerung dem verlogenen Sinnschema ...

Auf eine Analyse der Texte muß in diesem Zusammenhang verzichtet werden. Auffällig ein gleichsam autonomer Umgang mit dem Sprachmaterial: assoziative Sprachspiele, Ambivalenz der Wortbedeutungen, Herstellung von Textbildern, eine dem Film abgeschaute „cut-up"-Technik. Der Gegensatz zur bisherigen primär inhaltlich orientierten DDR-Literatur, der parteikonformen wie der kritischen, ist offensichtlich. Zwischen beiden Arten von Literatur liegen Welten. Ob diese autonome Literaturszene ein vorübergehendes Phänomen bleibt oder zum Ausgangspunkt einer neuen Entwicklung wird, ist – wie so vieles gegenwärtig – eine offene Frage.

V. Die kulturelle Freiheit und ihre Irritationen

Wenngleich es keine Frage ist, daß Kunst und Literatur die „Wende" in der DDR mit herbeigeführt haben, so scheint doch der gegenwärtige Einfluß der Schriftsteller und Künstler auf den Lauf der Dinge eher gering zu sein. Zwar haben sie durch den Zusammenbruch des politischen Systems ihre Autonomie gewonnen und brauchen in Zukunft kulturpolitische Maßregelungen und Zensurierungen nicht mehr zu fürchten, doch zeigt sich die unverhoffte Freiheit

[11] Sascha Anderson/Elke Erb: Berührung ist nur eine Randerscheinung, Köln 1985; Egmont Hesse, Sprache & Antwort. Stimmen und Texte einer anderen Literatur aus der DDR, Frankfurt 1988.

im Gewand verbreiteter Ratlosigkeit. Da sind die kritischen Autoren, die – von Stefan Heym angeführt – den Traum von einem besseren Sozialismus und einer eigenen DDR-Gesellschaft als Alternative zur Bundesrepublik nie aufgaben, mit der „Resolution für unser Land“ dem Drang zur Wiedervereinigung entgegentraten und die nun die für sie tragische Erfahrung machen, daß mit dem Zusammenbruch des Systems das von ihnen angestrebte Ziel, für das sie aufopferungsvoll gekämpft und gelitten hatten, unerreichbar erscheint. Was aber wird aus den DDR-Autoren, wenn mit dem Verlust der Eigenstaatlichkeit auch die kulturelle Identität der DDR schwinden sollte? Die Befreiung von den bisherigen Fesseln schafft neue Ängste: Schon spricht man von einer „Kulturschutzklausel“, um den negativen Tendenzen einer künstlerischen und literarischen Marktwirtschaft entgegenzuwirken. Andererseits läßt Kulturminister Keller wissen, daß die Förderung der Kultur im alten Stil in Zukunft kaum mehr gewährleistet sein wird. Mit dem Abbau der Kulturbürokratie verlieren nicht nur ungeliebte Zensoren ihre Arbeit, die Maschen des sozialen Netzes des staatlichen Mäzens werden auch größer, so daß mancher treue, doch wenig talentierte Schreiber befürchten muß, hindurchzufallen. Weiter stellt sich die Frage nach dem künftigen Stoff und der Schreibweise. Sicher wird die Prägung, die Autoren und Künstler in über vier Jahrzehnten durch den realen Sozialismus erfahren haben, auch in Zukunft ihre Werke bestimmen. Auch wird vor allem von ihnen das notwendige Maß an Trauerarbeit zu leisten sein, aber gleichzeitig gilt es, aus der Provinzialität herauszukommen und an die Weltliteratur Anschluß zu finden. Wie stark diese Irritationen und Ängste wirken können, das ist am Schicksal mancher Autoren abzulesen, die in der Vergangenheit aus politischen Gründen die DDR verließen oder verlassen mußten. Deren Erfahrung der Einsamkeit und des Verstummens wird auch vielen von ihnen nicht erspart bleiben, und mancher wird vielleicht nie wieder zu einem neuen Ausdruck finden. Angesichts dieser sich auftuenden dunklen Zone möglichen Verstummens, und sei es nur als notwendiges Purgatorium, um wieder schreiben zu können, ist angesichts der gewonnenen kulturellen Autonomie Nachdenklichkeit statt Euphorie angemessen. Empfehlenswert ist in dieser Situation die Lektüre der Erzählung „Irgend etwas irgendwie“, mit der sich Hans-Joachim Schädlich nach Jahren des Schweigens als Autor zurückmeldete. Mit den einleitenden Sätzen dieses Textes, der die existentielle Bedrohung plötzlich gewonnener kultureller Autonomie auf erschütternde Weise dokumentiert, sollen diese Überlegungen ihr Ende finden: „Es steht ihm frei, heißt es, beliebig Worte zu benutzen. Niemand fragt danach. Gänzlich frei von den Gesetzen der gebundenen Rede. Oder der Zensur. Oder des Marktes.“[12]

[12] Hans-Joachim Schädlich: Irgend etwas irgendwie, Niddatal 1984, S. 79.

DIE VERFASSER

Prof. Dr. *Kazimierz Działocha,* Professor für Staatsrecht an der Universität Breslau und Mitglied des Verfassungsgerichtshofes der Republik Polen, ul. Wiejska 6, Warschau

Karl Wilhelm Fricke, leitender Redakteur beim Deutschlandfunk,
Dransdorfer Str. 32, 5000 Köln 51,

Prof. Dr. *Gernot Gutmann,* Universität Köln,
Dolmannstraße 112 A, 5060 Bergisch-Gladbach 3,

Prof. Dr. habil. *Jerzy Holzer,* Universität Warschau,
ul. Lipińska 8 m. 3, Warschau

Regierungsdirektor *Horst-Dieter Kittke,* Gesamtdeutsches Institut, Berlin,
Redaktion der Zeitschrift „Recht in Ost und West",
Marinesteig 38, 1000 Berlin 38

Prof. Dr. *Jerzy Kleer,* Universität Warschau,
ul. Egejska 2 m 15, Warschau

Prof. Dr. *Ewa Łętowska,* Bürgerrechtsbeauftragte der Republik Polen,
ul. Krochmalna 2, Warschau

Dr. *Theo Mechtenberg,* Gesamteuropäisches Studienwerk, Vlotho,
Tempelhofer Weg 2, 4970 Bad Oeynhausen

Dr. *Andrzej Sakson,* Instytut Zachodni, Posen
Stary Rynek 78/79, Posen

DIE HERAUSGEBER

Prof. Dr. *Siegfried Mampel,* Vorsitzender der Gesellschaft für Deutschlandforschung, Freie Universität Berlin,
Roonstraße 14, 1000 Berlin 37

Dr. *Alexander Uschakow,* Redakteur der Zeitschrift „Osteuropa-Recht“,
Parsevalstraße 13, 8670 Hof

Zeitfracht Medien GmbH
Ferdinand-Jühlke-Straße 7
99095 Erfurt, Deutschland
produktsicherheit@kolibri360.de

Druck:
CPI Druckdienstleistungen GmbH
im Auftrag der
Zeitfracht Medien GmbH
Ein Unternehmen der Zeitfracht - Gruppe
Ferdinand-Jühlke-Str. 7
99095 Erfurt